中川州男大佐（戦死後、２階級特進で中将）をはじめとするペリリュー守備隊司令部が立てこもった大山の洞窟入り口に、戦友と遺族によって建てられた「鎮魂」の碑。（2015年）

世界遺産にも登録されたパラオを代表する景観・ロックアイランドの中心的存在の「パラオ松島」。(1993年)

〔巻頭特集〕パラオ戦跡紀行

日本兵一万余が眠るペリリュー島と世界遺産の島々を往く

文と写真　平塚柾緒

注目の世界遺産ロックアイランド

近年、ミクロネシアのパラオ諸島は、ダイビングスポットとして日本人にも注目されている。そのパラオの「南ラグーンとロックアイランド」は、二〇一二年七月二日付でユネスコ（国連教育科学文化機関）から文化・自然の複合遺産として登録が認められた。ラグーンとは環礁に囲まれたトルコ石色の浅い海のことで、その約十万ヘクタールのラグーンに点在する四百四十五の無人島がロックアイランドである。このロックアイランドの中心地ともいえる場所が、日本の委任統治時代に呼ばれ始めた「パラオ松島」で、

そもそも「パラオ松島」という名称は、戦前の日本人が宮城県の松島になぞらえて名付けたものだが、現在もパラオの人々は「マツシマ」と呼んでいる。

ロックアイランド観光やスキューバーダイビング、あるいはペリリュー島やアンガウル島などに渡る主要な港であるマラカル島の波止場。(上下とも2015年)

現在でもパラオの人たちは「マツシマ」と呼んでいる。

だが、今から七十年前の戦時下、世界遺産の地・パラオは激戦の地であった。とくに諸島南端のペリリュー島とアンガウル島では日米両軍が死闘を展開、日本軍はペリリュー島で一万二十二名が戦死し、アンガウル島では一千百五十名が戦死した。日本軍守備隊の死亡率はペリリュー島が九五・七パーセント、アンガウル島が九五・八パーセントだ。全滅といってもいいであろう。

しかし、今年、平成二十七年(二〇一五)四月八日と九日に天皇、皇后両陛下が慰霊に訪れるまで、パラオ諸島をはじめペリリュー島もアンガウル島も、今の日本人にはあまり馴染みのある島々ではなかった。

第一次世界大戦まで日本が内南洋と呼んだミクロネシアはドイツの植民地だっ

500近い小島が散らばる無人島の間を縫うロックアイランドツアーは、パラオ観光の目玉のひとつである。

パラオ松島にはさまざまな種類の珊瑚が群生している。澄んだ水にゆれる珊瑚の群れは、なまめかしくさえある。

た。ところが大正三(一九一四)年七月に第一次世界大戦が起こると、日本は連合国の一員としてドイツに宣戦布告、ミクロネシアの島々に艦隊を派遣して占領下においた。そして大戦後のパリ講和会議におけるベルサイユ条約で、北はマリアナ諸島から南はマーシャル諸島、トラック諸島(現在のチューク諸島)、ポナペ島、パラオ諸島などミクロネシアの島々は国際連盟の信託統治領となり、同地域を占領している日本が委任統治国となった。以後、日本はパラオのコロール島に南洋庁を置いて、これらミクロネシアの統治を開始した。

昭和八年(一九三三)に国際連盟を脱退した日本は、これら委任統治領に軍事施設を建設し、パラオはトラック島とともに日本海軍の重要基地化していった。そして対米英戦争が始まるや、委任統治領に次々飛行場を建設し、パラオにもバベ

ロックアイランドの浅瀬にはさまざまな魚が泳いでいるが、運がよければウメイロモドキやナポレオンフィッシュなどに会えるかもしれない。

パラオ観光は海上・海中だけではなく、川遊びだってできる。パラオ最大の滝である「ガラスマオの滝ツアー」（バベルダオブ島）も人気。滝にあたって暑さ解消で「おー寒い」。
(4、5p写真はすべて2015年)

ルダオブ島（パラオ本島）のアイライと南端のペリリュー島に海軍の飛行場を建設した。アイライ飛行場は、現在のパラオ国際空港である。このペリリューの飛行場をめぐる日米両軍の攻防戦が、すなわち「ペリリューの戦い」であり、飛行場適地をめぐる攻防戦が「アンガウルの戦い」であった。

昭和十九年（一九四四）九月十五日の米軍上陸によって始まったペリリュー島の戦いは、十一月二十七日に米前線指揮官が師団長に「作戦終了」を報告、戦火は止んだ。戦闘開始から七十四日目であった。

第二次世界大戦が終わり、日本の委任統治領だったミクロネシアの島々は国連の太平洋諸島信託統治領となり、アメリカが委任統治国となった。そして一九七

戦跡と共生するパラオの人々

パラオの中心地コロール街は、夜遅くまで車の渋滞が続く車社会。走る車の９割以上は日本車である。

70年前の終戦時まで国連信託統治領で、日本が委任統治していたパラオには、日本時代のさまざまな建物や文化が色濃く残っている。写真は日本の南洋統治の官庁である南洋庁の建物。現在はパラオ共和国の裁判所になっている。

○年代に入り、ミクロネシアの島々の間に独立の気運が強まる。アメリカはサイパンなど北マリアナ諸島とはいちはやく自治連邦区（コモンウェルス）の条約を結んで〝準州〟とし、パラオにも食指を動かしてきた。

しかし、パラオの住民は一九七九年に、アメリカによる核兵器の持ち込みを禁止した「非核憲法」を住民投票で可決して抵抗を繰り返した。結局、一九九三年に内政・外交権はパラオ共和国政府が持ち、安全保障はアメリカが担うということで自由連合盟約（コンパクト）が八回目の住民投票でようやく承認され、翌一九九四年十月一日に独立、国連にも加盟した。パラオにとっては、長い長い戦後であった。

人口約二万の現在のパラオは、マグロの輸出を主力とする漁業とココナッツなどの農業、それに近年注目を集めだした

上｜パラオ本島の国際空港に近い一角にある旧日本海軍の通信隊の建物。建物の周囲には写真のように95式軽戦車や各種機関砲などが設置されたままになっている。

中｜海軍通信隊の建物の一部は、現地住民がスクラップの解体場などとして活用している。壁の穴は、米軍の艦砲射撃の弾痕である。

下｜海軍通信隊の庭に残されている２連装の高射機関砲。(6､7p写真はすべて2015年)

観光が主な産業である。なかでも世界遺産に登録されたロックアイランドに対する注目度は高く、日本人観光客も年間二万人を超えるといわれ、中国からの観光客はこれに倍し、今年は四万人を超すかといわれており、パラオ政府は入国制限を発表するほどである。

悲惨な戦争を伝える慰霊の島

どこまでも碧い海と碧い空に挟まれた島、ペリリュー島から70年前の死闘を想像するのは困難だ……。

コロールからペリリュー島へはスピードボートで1時間15分ほどで着く。そして岸壁に着いて目にするのが「ペリリューへようこそ」と日本語で書かれた歓迎の言葉だ。

船やボートの多くはペリリュー島の北波止場（ノースドック）に着く。そして目にするのがパラオ国旗とペリリュー州旗の半旗である。写真の奥に見えるのはペリリュー出身で初代パラオ大統領ハルオ・レメリークの墓。半旗は初代大統領と、島に眠る将兵への弔意を表すためである。

引野通広少佐率いる北地区隊が最後の抵抗拠点とした水戸山の地下洞窟陣地の入り口の一つ（写真左）。通称「1000人洞窟」ともいわれ、入り口には洞窟の平面図も描かれた英文の案内板が立てられている（上）。そもそもは海軍設営隊の防空壕としてトンネル式に建設されたものだが、日米戦では北地区隊の主陣地として使われた。昭和20年2月ごろまで、数名の日本兵がこの洞窟に生存していた。

右は水戸山の洞窟内。司令部壕や病院壕など、部隊の各種担当ごとに割り振られてあり、残されているさまざまな遺品から彼らの苦難が忍ばれる。

（8、9p写真はすべて2015年）

今も激闘を物語るペリリュー島

平成二十七年（二〇一五）年は、戦後七十年。前記したように日米の激戦地となった諸島南端のペリリュー島とアンガウル島には、いまだに数多くの日本兵の遺骨が残されており、戦争遺跡も数多い。日本政府は四月に天皇・皇后両陛下がペリリュー島を慰霊に訪れたことを契機に、両島の遺骨収集を再開することを決定し、事前調査も行った。

　私は、これら〝玉砕の島〟を昭和四十六年（一九七一）三月以来、慰霊と取材を兼ねて何度か訪ねた。昭和四十七年には、ペリリュー戦の遺族と戦友で作っている「みたま会」が、寄付を募って建てた納骨慰霊碑「みたま」の除幕式に参加させていただいた。このときは慰霊祭の翌日から四日間、エドワード・サブロー（三郎）村長の案内で島内の洞窟に眠る英霊の遺骨収集にも加わり、団員二十五

納骨慰霊碑「みたま」の除幕式を行った翌日から４日間、慰霊団はジャングルに分け入って戦死した将兵の遺骨収集を行った。ジャングル内には無数の遺骨が朽ち果てたままになっていた。

ペリリュー島で戦死した将兵の遺族と戦友で作られている「みたま会」が寄付を募って建立し、昭和47年（1972）3月30日に除幕式を行った納骨慰霊碑「みたま」。碑はペリリュー島民の墓地の一角にあり、碑の周囲には各部隊の慰霊碑とともに遺族個人が建てた碑や墓石も多い。

大山のペリリュー守備隊司令部壕と見られる洞窟内で集められた遺骨に合掌するご遺族。

名で約二千体の遺骨を収容した。

平成五年（一九九三）十一月、私は六度目のパラオ訪問を行った。パラオ防衛の中心となった照集団（第十四師団麾下の歩兵第二、第十五、第五十九連隊基幹）の戦友会と遺族による「五十年忌慰霊の旅」に参加し、ペリリュー、アンガウル両島を訪れたのである。そして翌平成六年九月には、ペリリュー州とアメリカ合衆国共催の「ペリリュー戦五十周年記念式典」にも参加した。

そして今年の三月、二十年ぶりにパラオを訪れた。そのパラオ共和国は、二〇〇六年十月に首都をコロールからバベルダオブ島（パラオ本島）のマルキョクに遷都し、立派な国会議事堂も建立し、様相を一変させていた。現在はジャングルの中に議事堂だけが忽然とそびえているが、いずれは国の中心地帯となる広さと景観を併せ持っている。

遺骨収集最終日の昭和47年4月3日、約2000体の遺骨は荼毘に付され、「みたま」に納骨された。

左上｜戦死した戦友の荼毘に黙禱する遺骨収集に参加した生還兵たち。左から小林八百作、土田喜代一、飯岡芳次郎、程田弘、塚本忠義の各氏（いずれも旧姓）。
右上｜「みたま」の前で収集した遺骨を荼毘に付すに当たって、慰霊団に同行の僧侶が読経を行った。
（10、11p写真はすべて1972年）

この〔巻頭特集〕で紹介する写真は、観光のメッカになりつつあるパラオ諸島の現在と、私が一九七一年以来撮り続けた〝玉砕と慰霊の島〟の記録でもある。

平成5年（1993）11月、ペリリュー、アンガウル戦で亡くなった将兵の50回忌が、戦友・遺族によって両島で執り行われた。写真はアンガウル島での50回忌法要。

右｜50回忌法要には第14師団関係の戦友・遺族（茨城・栃木・群馬）が参列して行われた。写真はペリリュー島での法要。

下｜パラオの人たちは日本からの慰霊団に対しても、心からの歓迎とおもてなしをしてくれる。50回忌の夜も島を挙げて歓迎宴を催してくれ、娘さんたちは伝統の民族踊りを披露してくれた。

米軍がペリリュー島とアンガウル島に上陸した日を記念した「戦争50周年記念」式典が、平成6年（1994）9月15日にペリリューの小学校校庭で行われた。主催はアメリカ政府とペリリュー州政府で、米本国から多くの現役軍人や退役軍人、遺族が参列した。写真はペリリュー島のガラコル波止場前に作られた歓迎ボード。ペリリュー州旗、パラオ国旗、星条旗とともに日の丸も掲げられていた。

左｜この50周年式典会場で一つの劇的な再会があった。詳細は本文に譲るが、戦後の昭和22年4月まで33名の兵士とともにペリリュー島のジャングルに潜んでいた山口永少尉（写真右）と、同じ西地区隊でともに米軍を迎撃した工兵小隊長の藤井祐一郎少尉が偶然にも再会したのである。50年ぶりの再会であった。

下｜ペリリュー戦50周年記念式典は米軍の分列行進で開始された。

戦跡の島ペリリュー

米軍が上陸地のひとつに選んだオレンジビーチを訪れ、亡き肉親を偲ぶ遺族の皆さん。(1993年)

ペリリュー島に姿をとどめる海軍司令部。空爆と艦砲射撃で瓦礫と化しているが、建物は頑丈で、現在でも２階には自由に上がれる。(2015年)

島内に数多く残る戦争の傷跡

日本にとってパラオは、そのすべてが「戦跡」といってもいいかもしれない。第一次世界大戦によって国際連盟の信託統治領となった内南洋（ミクロネシア）を委任統治することになった日本は、国際連盟を脱退したあとは同地域に軍事基地を設け、米英との対決を鮮明にしていった。そして太平洋戦争に入るや、南洋群島の各諸島は海軍の前線基地となった。

パラオ諸島もトラック島と並ぶ連合艦隊の前線基地となり、バベルダオブ島のアイライ飛行場とペリリュー島、ガドブス島の飛行場には海軍の西カロリン航空隊が展開していた。これら飛行場の周辺には海軍施設の〝遺跡〟が今も数多く残されている。ペリリュー守備隊に組み入れられた海軍将兵の多くは、この航空隊の地上要員であった。

今も洞窟陣地から海上を睨む日本軍の大砲。（4点とも2015年）

中央山岳地帯の麓で原形をとどめている米軍の水陸両用戦車。もしかしたら日本兵が肉薄し、キャタピラに棒地雷などを突き入れたのかもしれない。

左｜ペリリュー飛行場の一角に今も姿をとどめる日本軍の95式軽戦車。米軍上陸日の9月15日午後4時過ぎ、第1号反撃計画に基づき出動した天野国臣大尉率いる第14師団戦車隊は、米軍戦車隊とバズーカ砲の集中攻撃を受けて壊滅した。

下｜ペリリュー島のジャングル内を歩くと、戦車や大砲などの大型兵器とは別に、兵士が身につけた軍靴の一部や飯盒、食器、薬缶などの身の回り品があちこちで見られる。

左｜バベルダオブ島（パラオ本島）のマルキョクに建設されたパラオ共和国の国会議事堂。コロールの街中にひっそりとたたずんだ旧国会の建物とは反対に、モダンで明るく、規模も格段に大きい。あたりはパラオきっての風光明媚な地で、将来の発展が楽しみな地でもある。（2015年）

下｜2015年のパラオご訪問で天皇・皇后両陛下も慰霊に訪れられた、ペリリュー島南端の平和記念公園に日本政府が建立した「西太平洋戦没者之碑」。公園からはアンガウル島を望むこともできる。（1994年）

Photo Chronicle Battle of Peleliu 1944

写真で見るペリリューの戦い

忘れてはならない日米の戦場

平塚柾緒
Hiratsuka masao

山川出版社

写真で見るペリリューの戦い
もくじ

パラオ戦跡紀行

日本兵一万余が眠る
ペリリュー島と世界遺産の島々を往く

1

序章　知られざる戦場

南海の孤島に配備されたのは一万余の陸海軍部隊。
絶対国防圏の要衝サイパンが陥落し、危機感を強めた大本営が彼らに命じたのは
島を要塞化し、最後の一兵に至るまでの「徹底抗戦」だった……。

20

第1章　オレンジビーチの死闘

昭和十九年九月十五日。
米艦艇に包囲されたペリリュー島は海と空から猛烈な砲爆撃を受け、
米第一海兵師団の上陸作戦が始まった。ガダルカナルでの日本軍との死闘を制した
「精鋭中の精鋭」は、この島で予想外の苦戦を強いられることとなる。

28

第2章　徹底抗戦

本土への侵攻を一日でも食い止めるべく、守備隊は洞窟を巧みに使い、夜間の斬り込みをくり返して物量に勝る米軍に挑んだ。互いに膨大な死傷者を出しながら、米軍が飛行場を奪取し占領を宣言したのは上陸十二日目のことだった。

70

第3章　見えざる敵との戦い

米軍の占領下にあっても、ペリリューに残存する千名余の日本兵に「降伏」の二文字はなかった。火炎放射器による凄惨な掃討戦、そして弾薬・食糧の欠乏……。ついに中川連隊長は十一月二十四日、「サクラ、サクラ」の決別電とともに最後の突撃を命じる。

102

第4章　奇跡の生還

指揮官を失った残存兵に課せられたのは、ゲリラとなって戦い続けることだった。日本の敗戦から一年半後、平穏を取り戻していたこの島で突如銃撃戦が勃発し、残存日本兵の存在が明らかとなった。三十四名「奇跡の生還」の一部始終。

130

あとがき　私とペリリューの半世紀　158

写真＝アメリカ国防総省、近現代フォトライブラリー、平塚柾緒

序章 知られざる戦場

ペリリュー島玉砕戦の幕開け

激しい砲爆撃の下で米軍を待った一万の陸海軍守備隊

南洋群島に転用された関東軍の精鋭

昭和十八年（一九四三）九月二十五日、大本営政府連絡会議は「絶対国防圏」なる新防衛方針を打ち出した。すなわち、戦争遂行上絶対確保維持すべき要域を「千島―小笠原―内南洋（中西部）―及び西部ニューギニア―スンダ―ビルマを含む圏域」と定め、この圏域を絶対国防圏と称して、大本営政府連絡会議は九月三十日の御前会議でこの新防衛線を正式決定した。そして、この絶対国防圏を死守するために、関東軍の精鋭を満州から南洋各地に転用することになり、その第一陣として第二十九師団をマリアナ諸島に、第十四師団（師団長井上貞衛《いのうえさだえ》中将＝歩兵第二連隊・水戸、歩兵第十五連隊・高崎、歩兵第五十九連隊・宇都宮基幹）を内南洋のパラオ諸島へ派遣する転進命令を出した。

第十四師団の総兵力一万一千七百九十七名がパラオにたどりついたのは、昭和十九年（一九四四）四月二十四日だった。二日後の二十六日に上陸作業が終了するや、各部隊は「即日配備」の命令を受けた。歩兵第二連隊はペリリュー島の、第五十九連隊（第二大隊欠）はアンガウル島の守備に任ぜよというもので、のちにペリリュー島に部隊の六割（二大隊）を増援することになる歩兵第十五連隊は、師団直轄の機動部隊としてパラオ本島（バベルダオブ島）で待機することになった。

関東軍からの部隊転用を決めた当初、大本営は第十四師団をマリアナ諸島に派遣する予定だった。ところが米軍は本格的反攻作戦を開始し、昭和十八年十一月末にギルバート諸島のタラワ、マキン島を奪還し、翌昭和十九年二月一日には日本の委任統治領・南洋群島の一角マーシャル諸島クェゼリンに上陸し、同島を占領してしまった。さらに二月十七、十八の両日、米艦上機は連合艦隊

トラック島空襲後、連合艦隊司令部はパラオ諸島の中心地コロール島に移動していた。そのパラオは昭和19年3月30日に米機動部隊の艦上機による空爆にさらされた。写真は猛爆撃で炎上するマラカル港と市街地。

の前線基地トラック諸島を空襲、基地は壊滅状態に陥ってしまった。

米軍の進攻路から見て、〈次はパラオ諸島か？〉と大本営は思い、第十四師団の派遣先を急遽パラオ諸島に変更したのだった。そのパラオを米機動部隊の艦上機は三月三十、三十一の両日にかけて猛爆を加えて通り過ぎた。マリアナ諸島攻略に向けた事前攻撃で、日本の連合艦隊と航空戦力撃滅が目的だった。そして昭和十九年六月十五日、日本が策定したばかりの絶対国防圏の最重要拠点ともいえるマリアナ諸島のサイパン島に上陸してきたのである。サイパンには四万三千名の日本軍がいたが、米軍上陸二十二日後の七月七日、守備隊司令官たちが自決して、島は米軍に占領されてしまった。続いて隣のテニアン島も七月三十一日に占領され、グアム島も八月十一日には組織的戦闘に終止符を打ち、米軍の占領下に入ってしまった。こうして絶対国防圏はあっけなく崩れ去り、米軍は日本本土空襲の前線基地を確保したのだった。

その米軍が次に狙ったのがパラオ諸島だった。

洞窟に姿を消した日本軍守備隊

パラオには本島とペリリュー島に飛行場があり、アンガウル島には飛行場予定地があった。この二つの飛行場のうち、米軍が狙ったのは東洋一といわれたペリリュー飛行場だった。そのペリリュー島は南北約九キロ、東西約三キロの小島で、隣のアンガウル島はさらに小さく、文字どおり南海の孤島だった。

当時、マッカーサー大将率いる米豪連合軍はフィリピンのレイテ島に迫り、総攻撃態勢を敷いていた。パラオ諸島はそのフィリピンの真東、約八百キロに座している。米軍にとってこれら日本軍基地を放置することは、フィリピン攻略の味方の頭上に零戦を舞わせることになる。逆に手に入れれば不沈空母となり、フィリピン攻略の重要な戦闘機・爆撃機の基地になる。ペリリュー・アンガウルの戦いは、この飛行場争奪戦であった。

米軍がパラオ諸島南端のペリリュー島に上陸したのは昭和十九年九月十五日であるが、そのとき同島には歩兵第二連隊（連隊長中川州男《なかがわくにお》大佐＝地区隊長兼務）を中心に、歩兵第十五連隊第三大隊（後に逆上陸部隊として一大隊増援）、独立歩兵第三百四十六大隊など陸軍六千百九十二名、西カロリン航空隊など海軍が三千六百四十六名（設営隊など軍属を含む）、総計九千八百三十八名の日本軍がいた。

これに対して米軍は二個師団、約四万の海兵・陸軍部隊をつぎ込んできた。その第一陣を担ったのは、常に精鋭をうたわれた第一海兵師団であった。ガダルカナル戦では副師団長だったウイリアム・H・ルパータス少将が師団長に昇格して率いていた。気分屋の楽観主義者で、部下の信任も決して厚くはなく、一部の者からは“Rupe the Stupe”（馬鹿なルパータス）とか、“Rupe the Dupe”（間抜けなルパータス）などと陰口をたたかれているルパータス少将は、上陸前「こんな小さな島は二日か三日もあれば占領できるさ」と、せせら笑っていたという。

ところが中川大佐は、この小さな島を短期間に丸ごと要塞化していた。昭和十九年四月末にペリリュー島に進出すると同時に、全将兵は鉄砲の代わりにノミと金槌を持ち、島のいたるところにある隆起珊瑚礁の自然洞窟を爆破し、あるいはトンチンカンチン叩いては拡張して、縦横無尽に三百とも五百ともいわれる洞窟陣地を築いていったのである。コンクリートよりも堅い珊瑚岩はノミと金槌を跳ね返し、一人の兵士が一日に掘り進むのはほ

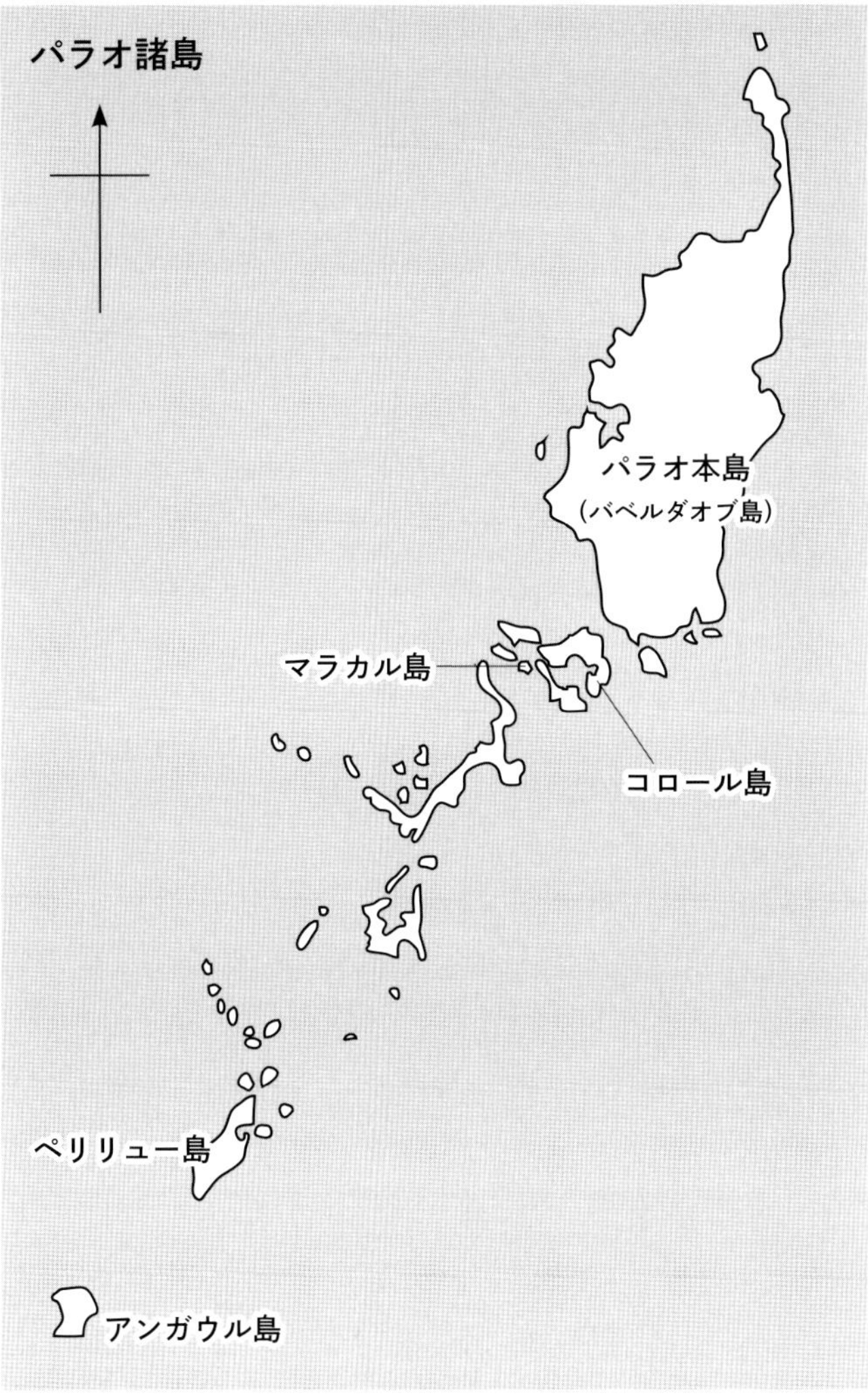

んの数十センチだった。それが来る日も、来る日も続いたが、兵士たちは耐えた。そして、ペリリュー島の地表から日本兵が消えた。将兵も大砲もすべて洞窟内に入ってしまったのだ。

　ペリリュー島とアンガウル島は昭和十九年八月に入ると、たびたび大型爆撃機の空襲を受けるようになり、九月六日からは十数隻の空母を中心とした米機動部隊がパラオ南方とヤップ島北東に進出し、午後二時ごろからほぼ同時に艦上機による空爆を開始した。六日はパラオ本島地区で百三十機、ペリリューで八十機、アンガウルで四十八機、ヤップで二十五機を数えた。損害は比較的軽微で、ヤップで四機を撃墜していた。

　この日を皮切りにペリリュー、アンガウルを含むパラオ地区への空爆は連日となり、七日には延べ七百三十八機が来襲、ペリリュー島には戦艦四隻と巡洋艦三隻からの艦砲射撃も開始された。日本軍も果敢に邀撃《ようげき》した。海軍は戦闘機隊と高射機銃隊が応戦し、陸軍も地上砲火で迎撃し、十数機を撃墜破した。しかし、ペリリュー飛行場は使用不能となり、飛行機と対空射撃部隊もかなりの損害を受けてしまった。

　いまや上空から見るペリリュー島は草木が失せ、珊瑚岩も露わな瓦礫

ペリリュー地区隊

- **ペリリュー地区隊**　隊長・中川州男大佐（歩兵第２連隊長）
  - **第14師団派遣幕僚**　村井権治郎少将（第14師団司令部付）
  - **地区隊本部** ― 歩兵第２連隊本部　242名
  - **西地区隊** ― 歩兵第２連隊第２大隊（隊長・富田保二少佐）　635名
  - **南地区隊** ― 歩兵第15連隊第３大隊・同配属部隊（隊長・千明武久大尉）　750名
  - **北地区隊** ― 独立歩兵第346大隊（隊長・引野通広少佐）　556名
  - **直　　轄**
    - 歩兵第２連隊第１大隊（隊長・市岡英衛大尉）　635名
    - 歩兵第２連隊第３大隊（隊長・原田良男大尉）　635名
    - 歩兵第15連隊第２大隊・　同配属部隊（隊長・飯田義栄少佐）　840名
    - 第14師団戦車隊（隊長・天野国臣大尉）　122名
    - 歩兵第２連隊砲兵大隊（隊長・小林與平少佐）　666名
    - 歩兵第２連隊工兵中隊（隊長・五十畑貞重大尉）　250名
    - 歩兵第２連隊通信中隊（隊長・岡田和雄中尉）　180名
    - 歩兵第２連隊補給中隊（隊長・安部善助中尉）　185名
    - 歩兵第２連隊衛生中隊（隊長・安島良三中尉）　160名
    - 海上機動第１旅団輸送隊の一部（隊長・金子啓一中尉）　86名
    - 第14師団通信隊の一部　39名
    - 第14師団経理勤務部の一部（隊長・山本孝一少尉）　46名
    - 第14師団野戦病院の一部（隊長・大矢孝麿中尉）　117名
    - 第23野戦防疫給水部の一部　37名
    - 第３船舶輸送司令部パラオ支部の一部（隊長・有園耕三大尉）　11名
  - **海　　軍**
    - **西カロリン航空隊**　司令・大谷龍蔵大佐（中川大佐の指揮を受ける）
      - 西カロリン方面航空隊ペリリュー本隊　702名
      - 第３通信隊の一部　12名
      - 第45警備隊ペリリュー派遣隊　712名
      - 第214設営隊（軍人20名、軍属793名）　813名
      - 第30建設部の一部（軍人・軍属）　982名
      - 南西方面海軍航空廠の一部　109名
      - 第30工作部の一部　10名
      - 第３隧道隊　50名
      - 海軍配属陸軍部隊（特設第33、第35、第38機関砲隊）　256名

総計9,838名
各隊の人員は一部推定。陸軍兵力は本表では6,192であるが、
米海兵隊戦史では5,300、厚生省援護局の資料では6,632になっている。

の島と化していた。人影も見当たらず、楽観主義者のルパータス少将だけではなく、飛行機を操縦する米兵たちにも、日本兵が生き残っているとはとても思えなかったに違いない。

　そのためか、九月十二日、米軍は砲爆撃の援護の下に、大胆にも舟艇に乗った偵察隊員がペリリュー島南西海岸（西浜）に近づき、海中に赤白の旗と星条旗を立てて立ち去った。上陸部隊の目印であった。のちに判明する

米軍のパラオ攻略軍戦闘序列

- 太平洋任務部隊（第3艦隊）
  - 第31任務部隊（統合遠征軍）
    - 第36任務部隊
      - 第36.1任務群（第3水陸両用軍団）
    - 第32任務部隊
      - 第32.1任務群 ペリリュー攻撃群
        - 第1海兵師団
      - 第32.2任務群 アンガウル攻撃群
        - 第81歩兵師団
      - 第32.5任務群 艦砲射撃群
      - 第32.7任務群 護衛空母群
      - その他
    - その他
  - 第30任務部隊（第3艦隊）
    - 第30.1任務群 戦艦×1、駆逐艦×3
    - 第34任務部隊 戦艦×7、軽巡洋艦×6、駆逐艦×18
    - 第35任務部隊 軽巡洋艦×4、駆逐艦×9
    - 第38任務部隊 空母×8、軽空母×8、戦艦7、軽巡洋艦×10、駆逐艦×60
    - その他
  - 第57任務部隊
    - 各島嶼守備隊

米第１海兵師団の編成

- 第1海兵師団司令部
  - 司令部大隊
  - 第1,5,7海兵連隊
    - 第1～3大隊
    - 武器中隊
  - 第11海兵（砲兵）連隊
    - 75㎜榴弾砲大隊
    - 105㎜榴弾砲大隊
  - 第1戦車大隊
  - 第1工兵大隊
  - 第1建設工兵大隊
  - 第1支援大隊
  - 第1衛生大隊
  - 第1輸送大隊
  - 第1,6,8水陸両用トラクター大隊

（配属）

米軍総兵力：42.000名
75mm榴弾砲×24
105mm榴弾砲×36～72
155mm榴弾砲×36～48
150mmカノン砲×12（軍団砲兵の火砲も含める）
迫撃砲153
37mm対戦車砲×36
ロケット弾発射筒×172
75mm自走抱×7
M4戦車×30
水陸両用トラクター×221
同火力支援型×75

（参考文献：証言記録『生還・玉砕の島ペリリュー戦記』）

のだが、赤白の旗と星条旗は北からホワイト1、ホワイト2、オレンジ1、オレンジ2、オレンジ3と名付けられた上陸地点を示す目印だったのである。
　これら米軍の行動を、日本軍将兵は西浜沿いの陣地や中央山岳地帯の洞窟陣地からじっと見つめていた。米軍の事前砲爆撃による日本軍守備隊の人的損失は少なく、士気はいたって旺盛だった。そして誰もが米軍の上陸戦開始が迫っていることを感じ取っていた。

徹底抗戦、最後の一兵まで戦い抜け！

パラオ本島に司令部を構えるパラオ地区集団長の井上貞衛中将（第十四師団長）は九月十二日、上級司令部の南方軍（軍司令官・寺内寿一大将）に報告電を打った。「敵は明朝以降、その主力を以てペリリュー西南海岸に上陸を企図するならん」と判断し、次のように決意を表明した。

「ペリリュー守備隊は満を持して敵鏖殺《おうさつ》の好機を迎え、将兵一同は皇恩に報ゆる機到れるを喜び必勝の気満々たり。今や集団将兵は一億の痛憤を心魂に刻み、三軍の期待を双肩に負い、眥《まなじり》を決し、以て皇国の興廃を決する大決戦に魁《さきが》けて各自の正面に宿敵必殺を期しあり」

　同時に井上集団長はペリリュー、アンガウル両守備隊にも訓電を送った。

「敵は必死の上陸を企図しあるものの如く、大東亜戦局打開の成否、正に懸《か》かりて此の一戦に在り。識《し》れ三軍の期待、天下の輿望《よぼう》挙《こぞ》って我等の快勝に集るを、皇国に生を稟《う》け君恩に報い奉るの機断じて此の数日を措《お》いて他なし。全員眥を決して蹶《た》て、将兵必ず一丸となり決死善戦以て敵鏖殺の宿願を達成すべし」

　大本営首脳はもちろん、日本政府首脳のペリリュー守備隊に対する期待は大きなものがあった。それは絶対国防圏の要衝として大本営が「絶対に大丈夫」と自信を持っていたサイパンやグアム島が、意外にあっけなく占領されてしまったことに衝撃を受け、新たに発令した「島《とう》嶼《しょ》守備要領」（昭和十九年八月十九日示達）に即した初めての防衛戦にもなるからだった。すなわち、それまでの水際撃滅主義を捨て、主抵抗線を「海岸カラ適宜後退シテ選定スル」ことにした最初の戦法でもあったのである。

　敵の上陸予想地の海岸線陣地に配備されている兵はあくまでも〝消耗兵力〟あり、単に米軍の上陸を遅延させる目的の時間稼ぎ要員でしかない。後方の主抵抗陣地に布陣する決戦要員の負担を少しでも軽くするため、一人でも多く敵を倒す防波堤的役割ということである。島は小さいが、任務は大きい。

　ペリリュー、アンガウル両島に対する米軍の艦砲射撃、艦上機による銃爆撃は十三日、十四日も続けられた。ペリリューの中央山岳地帯の洞窟からは、島を取り巻く米機動部隊の姿が手に取るように見渡せた。目視できる艦

歩兵第２連隊の首脳。最前列の中央が中川州男連隊長（関東軍時代）

艇は大型空母が十隻、戦艦、巡洋艦十三隻、駆逐艦等二十隻以上で、輸送船ははるか後方に控えており、ペリリュー島の洞窟内からは見えなかった。敵の上陸は明日か、それとも明後日《あさって》か、将兵たちは海上を見下ろしながら銃を構えていた。

昭和十九年九月十五日、米軍は日の出と同時の午前六時十五分、いよいよペリリュー島上陸を開始した。敵前上陸第一陣を担うのは第一海兵師団の将兵だった。その戦闘が日米双方の将兵にとっていかに過酷なものであったかは、以下の写真を見ていただければ一目瞭然であるが、大本営陸軍部の情報参謀を務め、山下奉文司令官の第十四方面軍の情報主任参謀も務めた堀栄三（戦後は陸上自衛隊の情報室である統幕第二室室長）は書き残している。

堀は情報参謀としてタラワ、マキン、そしてサイパン、テニアンと太平洋の玉砕戦を見てきたが、「その中で一きわ勇戦奮闘して、米軍の心胆を寒からしめ、世界戦史に『驚嘆』の賛辞を残したのが、昭和十九年九月十五日米軍が上陸したペリリュー島の守備隊中川州男大佐（戦死後二階級特進、中将となる）の歩兵第二連隊（水戸）の戦闘であった」と、異例ともいえる評価をしている。

第1章 オレンジビーチの死闘
米第一海兵師団と白兵戦を繰り広げる日本軍守備隊

米軍の上陸第一陣を撃退した西浜の日本軍

昭和十九年（一九四四）九月十五日午前五時五十二分、はるかにペリリュー島をのぞむ海上はさわやかな夜明けを迎えた。辺りは見渡すかぎり大小の米艦艇で埋め尽くされていた。そして水平線の彼方に朝の陽が輝きを見せはじめるや、戦艦と重巡が砲門を開き、島の日本軍に向かって艦砲射撃を開始した。同時に第一海兵師団は一斉にペリリュー島への上陸作戦を開始した。米軍が上陸地点に選んだのは日本軍が西浜と呼ぶ南部海岸だった。

日本軍は別掲の地図にあるように、島を四つの守備地区に分けていた。引野通広少佐率いる独立歩兵第三百四十六大隊五百五十六名が北地区隊、富田保二少佐率いる歩兵第二連隊第二大隊六百余名が西地区隊、千明武久大尉率いる歩兵第十五連隊第三大隊七百五十名が南地区隊、そして東地区隊の原田良男大尉指揮の歩兵第二連隊第三大隊六百三十五名（推定）を地区隊予備としてペリリュー島中央部水府山付近に待機させていた。

米軍が上陸地点に選んだ西浜に、日本軍は北からモミ、イシマツ、イワマツ、クロマツ、アヤメ、レンゲとロマンチックな名前を付けた六カ所の前線陣地を設けていた。モミからクロマツまでの四陣地には歩兵第二連隊第二大隊と野砲一個小隊の西地区隊が布陣し、アヤメ、レンゲには第十五連隊第三大隊の南地区隊が迎撃態勢を敷いていた。

西浜に押し寄せる米軍は、海岸線から約十三キロ付近で五十隻余の輸送船から海兵を満載した約二十隻の大型舟艇を降ろし、次々と海岸線に送り出した。その頭上を艦砲射撃の砲弾が、ひっきりなしに鳥の鳴き声のような甲高い音を立てて飛び去っている。そのたびに舟艇の甲板は激しく振動し、会話もできない。島の日本軍施設に

米軍の砲爆撃によって裸の山に変貌したペリリュー島の山岳地帯。

命中でもしたのか、はるか前方に黒煙が幾筋も立ち上っている。

ジェームス・H・ハラス（米ジャーナリスト）の『ペリリュー島戦記』（猿渡青児訳）によれば、大型舟艇の甲板でこれを眺めていた海兵隊の将校が、大喜びしながら、「ありゃ地獄だね、奴ら（日本兵）の立場なら、たまらんなぁ」と叫ぶと、別の大尉が「まったくだぜ」と答えたという。また、ある海兵隊の二等兵は「生き残って反撃してくる日本兵は、何人いるだろう？」と思ったとも言い、軍曹は「この様子だと、明日には、休暇がとれそうだ」と予想していたと書いている。

大型舟艇群は海岸から二千メートル付近に近付くと、今度は上陸用舟艇約三百隻を降ろし、午前七時三十分ごろ横隊形を取って島を取り巻くリーフ（隆起珊瑚礁）に接近していった。途端に水煙が連続して立ち上った。先頭の舟艇数隻が、日本軍が敷設していた機雷に触れて爆沈したのだ。米軍舟艇群は停止し、発煙弾を発してリーフの外で舟艇から水陸両用車に乗り換え、海岸に殺到してきた。

海岸陣地の日本軍はじっと待った。米水陸両用車が海岸線の百五十から百メートルに近付いた。海岸陣地の日本軍が一斉に反撃を開始した。しかし、八時三十分ごろ、ついに米軍の一部がイシマツ陣地付近からアヤメ陣地にいたる海岸にたどり着いた。

陣地の日本軍は銃剣での白兵戦を挑んだ。海岸一帯は敵味方の死体が折り重なる殺戮の場と化した。その数は明らかに米軍の迷彩服のほうが多い。防衛庁戦史室の戦史叢書も書いている。

「米軍の陸岸達着時ごろまでに海軍敷設機雷（水際及びリーフ上）の効果と相俟って上陸用舟艇六十数隻、シャーマン戦車三両、水陸両用車二十六両を破壊し、兵員約一千余名に損害を与えた」（『中部太平洋陸軍作戦〈2〉』）

米軍はこの第一次上陸作戦は敗退のやむなきにいたり、海上に引き揚げていった。

上陸地正面の日本軍を強力とみた米軍は、西地区隊と南地区隊の正面を迂回して、両地区隊の間にできたわずかな間隙を衝くかたちで強行突破をはかってきた。作戦は成功し、約一個連隊が上陸、橋頭堡を確保した。

これを知った中川大佐は「第一号反撃計画」を発令、司令部直轄部隊の第一大隊の中から〝斬り込み決死隊〟を編成、さらに師団戦車隊（軽戦車十七輌）を加えて反撃戦に出た。しかし、飛行場を真一文字に疾駆する日本の軽戦車群に対し、米軍の対戦車砲とバズーカ砲が一斉に火を吹き、次々と擱座《かくざ》させていった。こうして日本軍の第一号反撃作戦は失敗に終わったのだった。

しかし、ペリリューの日本軍守備隊は、サイパンやグアムの日本軍が見せたバンザイ突撃などはいっさい行わなかった。確実に敵を殺す一発一殺、一人一殺主義を貫いていた。歩兵第二連隊の小隊長だった山口永少尉は、西浜陣地から生還した数少ない将校の一人である。

「本当にひどかったのは一週間くらいでした。その後は日中は洞窟陣地の中にいて、夜になったら出かけていくというゲリラ戦の毎日でした。そのたびに仲間の兵は減り、損害は大きかったが、米軍の損害もまた大きかったと思います」

しかし米軍には増援部隊が続々到着したが、日本軍守備隊には一発の弾丸も補給されないし、一兵の増援もない。弾がなければ戦にならない。日本軍守備隊はやむなく前線陣地を撤収して山岳地帯の洞窟に撤退、斬り込みの機会を待つしかなくなった。

米軍上陸時のペリリュー守備隊配置図

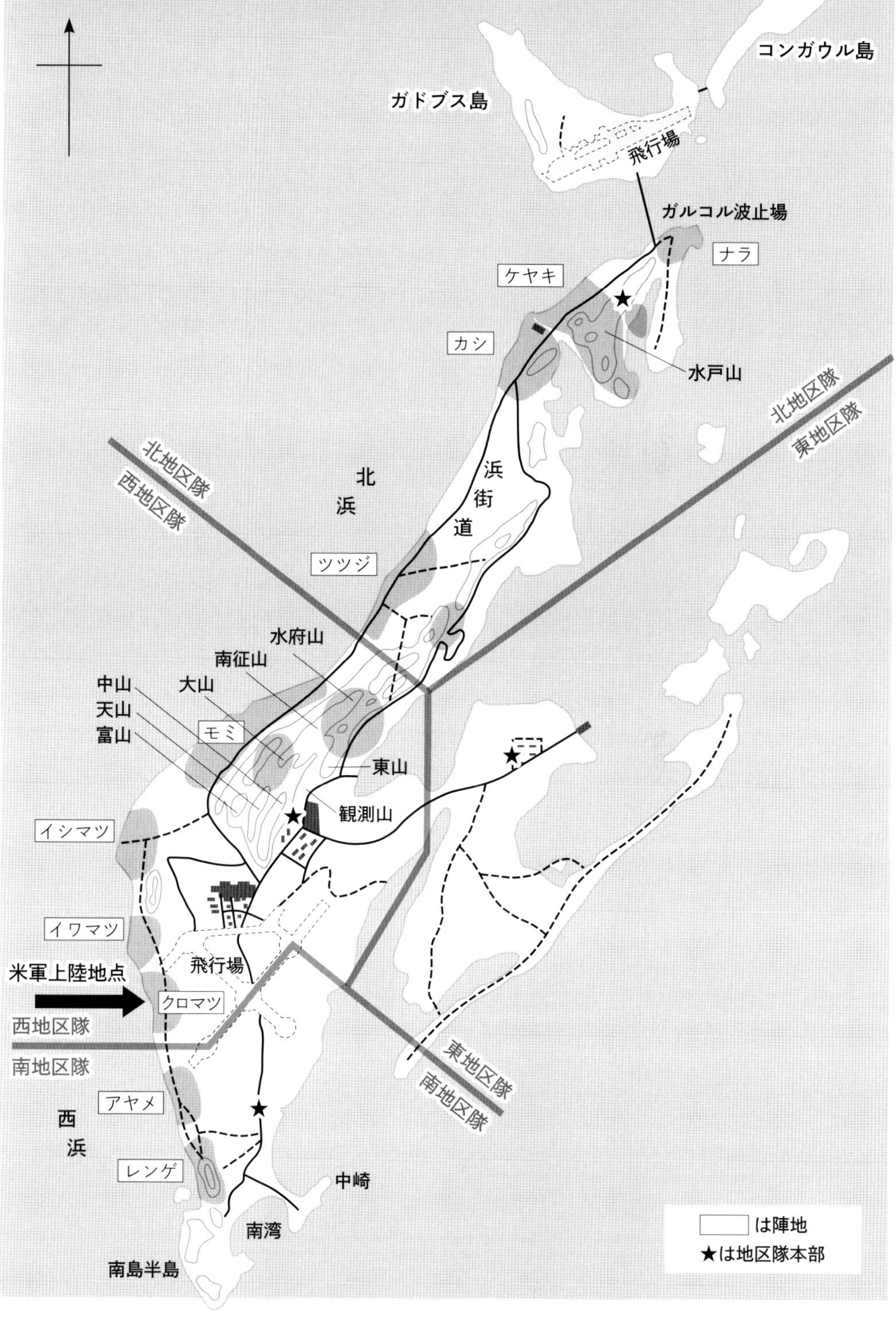

米海兵隊の敵前上陸作戦

1944年9月15日の日の出とともに開始された米第1海兵師団によるペリリュー島西海岸への上陸作戦は、猛烈な艦砲射撃の支援を受けて開始されたが、海兵を満載した水陸両用車は次々爆破されていった……。

海兵隊員を乗せてペリリュー島の西浜に向かうアムトラック（水陸両用トラック）。

米軍の上陸戦前の空爆と艦砲射撃で全島が黒煙に覆われたペリリュー島（1944年9月15日）。

舳先をそろえ、一斉に西浜に向かう米海兵隊のアムタンク（水陸両用戦車）群。だが、彼らを待っていたのは日本軍守備隊の熾烈な迎撃戦闘だった。

開始された太平洋島嶼作戦
最大の激闘

40000の米軍を迎え撃つ10000の日本軍

ペリリュー上陸の第１陣を担った第１海兵師団の将兵にとって日本軍守備隊の猛反撃は意外なものだった。１週間を超える味方の事前砲爆撃に加え、今朝の上陸直前の猛烈な砲爆撃を目の当たりにしているだけに、島の日本兵が生き残っているとはとても思えなかったからだ。それなのに、島の日本兵は地底から湧き出るように銃砲弾を放っているではないか……。写真は日本軍の海浜陣地に迫る米兵たち。

水陸両用戦車とともに海岸にたどり着き、日本軍が造った対戦車壕を越えようとする米軍。

やっとのことで海岸線にたどり着いた米兵グループだったが、海岸陣地の日本軍守備隊は頑強だった。30口径空冷式機関銃で前進を試みる海兵隊員を援護し、なんとか手榴弾が届く距離まで仲間を推し進めなければならん……。

水陸両用戦車の陰に身を寄せて、日本軍陣地に接近する順番を待つ海兵隊員。

日本軍が築いた対戦車壕の中に釘付けされて前進できない海兵隊員たち。

〔生還兵の証言〕①
オレンジビーチの白兵戦

西地区（米軍がホワイトビーチとオレンジビーチと名付けた上陸目標地）の海岸線に広がる椰子林の中には、歩兵第２連隊第２大隊を中心とした日本の陸海軍部隊が米海兵隊と対峙していた。米第一陣に大きな損害を強いたのはこの守備隊だった。写真は日本軍の狙撃兵を匍匐前進で攻撃する米海兵隊員と、米軍戦車の攻撃を受けて炎上する日本軍陣地の黒煙。

敵味方入り乱れての殺し合い

歩兵第二連隊第二大隊の鬼沢広吉上等兵と、飯島栄一上等兵は茨城県鹿島郡出身の同郷の友であるが、米軍の第一陣上陸部隊が西浜に殺到してきたときも、ともにその真正面、第五中隊にいた。

飯島　前の日の十四日までは富山にいたが、米軍側の動きから上陸はまもないと思っていたです。翌朝の六時ごろが干潮だから、敵はその時刻を狙ってくるだろうということで、陣地を作ってあった海岸線に行ったんです。

米軍が上陸してきた九月十五日の朝は、昨夜からの移動で疲れていたし、そのうえ食べるものもなしで、ただタコツボに入っておったのです。そこへ艦砲射撃をされ、終ったなあと思ってタコツボから顔を上げたら、アメリカ兵が目の前に来ていた。艦砲射撃に援護された上陸用舟艇や水陸両用戦車が、海岸に上がってき

隆起珊瑚礁の山々を巧みに削り広げた洞窟陣地や堅固なコンクリート製トーチカに立てこもる日本軍の攻撃に疲れ果て、泥まみれの海兵たちは進むことも引くこともできない。

戦死者を仮埋葬する前に身元の確認を急ぐ米兵。

ていたんです。われわれも撃ちに撃った。銃身なんか熱くてとてもさわれない。

そのとき米軍の艦砲射撃が止んだ。海岸では敵味方が入り乱れていたからです。このとき第五中隊は百五十名くらいいたが、うち三十名くらい殺られてしまった。

鬼沢　私は中隊本部付だったのですが、中隊長の中島中尉は士官候補生あがりで張りきっていた。それで、立って指揮していたんだが、名誉の戦死さ。

もう、そのときは撃ち合いだけじゃなく、手榴弾の投げ合いですよ。小銃で撃ち合うほど離れちゃいないんだから。日本の手榴弾は安全ピンを抜いて、叩かないと発火しないが、アメリカのは安全ピンを抜いておいて、手から離すとバーンといくんです。小高曹長という剣道二段の下士官が斬り込みに行き、米兵の首を斬って殺し、「やった！」と思った瞬間、バーンと逆に殺られてしまった。首を斬られた米兵が手榴弾を握っていた手を開いたからなんです。

飯島　デング病でふらふらしていた雲野兵長が出ていったところを殺られたあと、私たちが海岸に向かって突撃をするとき、鬼沢さんたちの中隊本部が来たんだ。そのときのことがいちばん印象に残っている。

「五中隊！　現在位置！」

伝令の声が聞こえた。何万という敵兵の前で、わずか百五十名くらいで戦っていたんだから心細かったですよ。そこへ中隊本部の約百人近くが応援に来てくれたんだ。なんとも心強かったね。小高曹長が死んだのは、その後だった。

十五日には三回突撃をするわけだけど、一回やるたびに三分の一ずつ減っていった。塗木《ぬるき》正見《まさみ》少尉が小隊長だったが、士官学校出の勇敢な人だった。その塗木少尉が、小高曹長に「おれがひと稼ぎしてくるから」と言って突撃していき、帰ってきませんでした。

突撃するときは死ぬつもりですから、小銃に銃剣をつけ、弾は五発だけ詰めて、あとは水筒だけを持っていく。海岸までは二十メートルから三十メートルぐらいなのだが、ずらっと生い茂っていた椰子の木は、すでに砲爆撃で全部倒されていたから、十メートルも突撃すれば、もう殺したり殺されたりの白兵戦です。

とにかく、どこが敵陣なのかもわから

日本軍の狙撃兵に狙われ、塹壕の中で戦死した海兵隊

海岸にたどり着いたものの、日本軍の熾烈な反撃のため身動きがとれない海兵隊。日本軍守備隊は上陸してくる米軍にさかんに迫撃砲を撃ち込み、狙撃兵は一発必中で小銃の引き金を引き続けた。

ない入り乱れての白兵戦である。ある兵士は手榴弾を後方に投げて、友軍を傷つけてしまったともいう。

第二大隊第五中隊の狙撃兵だった程田弘上等兵（茨城県出身）も、鬼沢、飯島上等兵たちとともに戦っていた。

「まず十四日の夕方、黒人だけの斥候兵が海岸近くまで来て写真を撮ったりスケッチしたりして行った。私が見たのは二～三人だったが、『黒人の斥候は引き寄せるだけ引き寄せよ』ということで撃たなかった。

翌朝、米軍が上陸してきたとき私たちは穴の中にいたのだが、弾が続くかぎり撃ちまくりました。何時ごろだったか、ふと見ると敵がいなくなった。そこで『突っ込めェ！』と穴を飛び出した。

アメリカ軍の第一線は黒人兵が多かったらしく、かなりの黒人が死んでいて、なかには息のある者もいる。『こんな奴ら弾で撃つのはもったいない』ということで、銃床でぶん殴ったりした。すると、ふうっと起き上がってきて拳銃を向けてくる者もいた。あるいは傷ついて椰子の木の陰に隠れていたのを発見された米兵は、両手で拳銃を持ち上げ、狙いをつけようともがく。こっちも殺られてはたまらんから、次から次へと倒して行くうちに海岸へ出てしまった。その海岸では敵味方入り乱れての白兵戦を展開中だったんです。軽機関銃や小銃でね。向こうもこっちもただ引き金を引くだけで、狙いを定める余裕なんてないです」

程田さんは、最初の白兵戦について、「ただ夢中だった」と語った。

〔生還兵の証言〕海兵隊員の回想

日本軍守備隊の防禦態勢

日本軍は米軍の上陸可能な浜辺には上陸を妨害する杭を打ち、鉄条網を張り巡らし、さらに地雷や潜水艦用の魚雷、空爆用の爆弾などを埋め、触れれば爆発するようにしていた。

右｜日本軍が海岸に埋めていた地雷から信管を抜き取る米兵。
左｜日本軍は空爆用の150ポンド爆弾を海岸の砂地に埋めて、上陸してくる米軍の水陸両用車や水陸両用戦車の爆破を狙った。

米海兵隊員の回想

米海軍予備役のウォルター・カリグ大佐は、戦後に執筆した『戦闘報告』（「BATTLE REPORT」）の中で「ペリリュー島の激闘」についてこう記している。

「守備隊（日本軍）は、飛行場を守るのが何よりも大切だということを心得ていて、防禦施設はその根本方針にそって作っていたし、海にも陸にも機雷や地雷をギッシリと敷設していた。飛行機用の爆弾も加え、珊瑚礁のところから陸上一〇〇メートルまでの間は、防禦帯というか、人一人入れないように固めてある。パラオ諸島とウルシーでは繋縛機雷一、〇〇〇個以上を処分した。こんな厖大な機雷堰は、それまでの太平洋地域に敷設してあった日本の機雷を全部合わせて、それを五倍したものより多かったのである。

　また、コンクリートで築いたり、珊瑚礁をうまく使ったりして、防空壕や砲座

海岸に造られた日本軍守備隊の狙撃手用のタコツボ陣地。

ペリリュー島中央山岳地帯の中腹に造られた洞窟陣地の入り口。洞窟には戦闘員だけではなく、各種大砲も入れられ、砲撃後は敵の反撃を避けるためただちに洞窟内に引き戻されていた。

が海岸のいたるところにある。道路が交叉したところあたりは、対戦車砲と自動火器で厳重に防備している。内陸に入ると、戦車がどうしてもそこを通らなければならないような誘導路を造りあげてあり、そこを通れば待ち構えている火線に曝されるという恐ろしいワナになっていた。それから、野砲陣地と臼砲陣地が小高いところに点綴《てんてい》するというように、何度も何度も調べたり試したりして、どんな場合でもスキがないように苦心していた。

　ペリリューの攻略はまったく地獄そのものであった。第一海兵師団のボーラ一等兵にいわせると——

『もうめちゃくちゃだ。上陸地点に上がってみると、迫撃砲弾がわれわれの真上に飛んでくる。そういうふうに、日本人は砲を据えているのだ。上がって十五分ばかりは前にも後にも動けない。とにか

海上に砲口を向けた日本軍の120ミリ砲。海岸に向かってきた米軍の水陸両用車や水陸両用戦車の撃破に活躍した。

ペリリュー島の洞窟陣地に据え付けられた日本軍の75ミリ山砲。砲撃を終えると米軍の反撃を避けるためただちに洞窟内に引き戻された。

く、砂の中に頭を埋める。足を高くして頭を低くする。そうしなければタマがよけられない。出発前に大隊長が訓示した、水際でぐずぐずするな、そこが日本軍のツケ目なんだぞ、という一言を覚えていたので、遮二無二、砂地を出ようとした。

ピュッと音のするタマは少しも恐くない。音がするヤツは遠いタマだ。当たらない。だが、鞭を振るような音のは近い。聞こえないヤツは、たいていあまりにも近すぎるヤツだ……。

死にさえしなければ、ペリリューだって悪かあない。例えば、シスコやハワイで肩と肩とをくっつけて仕事をし、遊んできた友達と肩を並べて戦場で戦っている。とつぜんポコッというと、横にいた友達が動かなくなる。ほんのちょっと前まで喋っていた友達が、もう誰が誰かわからない。そんなものだ、戦争というのは』

これは、ただボーラ一等兵の感想だけでなく、ペリリューに上陸した第一海兵師団全部のものだった」(『特集文藝春秋』一九五六年六月号)

だが、ペリリュー島の戦いはまだ序の口で、これからが激烈を極めるのである。

ペリリュー島に上陸した米兵たちにとって、日本軍が造った対戦車壕は恰好の防禦陣地と休息場所になった。写真は疲れ切って小休止をとる米兵。

第1号反撃作戦に失敗した日本軍守備隊

橋頭堡確保に成功した米軍

米軍は二回目の強行上陸に当たって、一回目の敗退を教訓に目標の変更を行った。それは歩兵第二連隊第二大隊の西地区隊と第十五連隊第三大隊の南地区隊の正面を攻めるのではなく、正面に上陸するかのように見せかけて、この両地区隊の間隙をつくというものだった。

作戦は成功し、米軍は多くの死傷者を出しながらも、飛行場南西端に約一個連隊の海兵を上陸させることができた。そして夕方までにはさらに地歩を拡大し、戦車をともなって飛行場の南東端近くまで進出した。

一方、米軍に橋頭壁を築かれた後の日本軍の損害は一挙に増大する。九月十五日午後四時三十分、ペリリュー地区隊長の中川州男大佐は「第一号反撃計画」の実行を命じた。歩兵第二連隊司令部直轄部隊として待機していた第一大隊の中か

やっと海岸に橋頭堡を確保し、進撃を開始した米軍。

内陸部に向かって進撃を開始した米軍だったが、山岳だけではなく、平地の地下にも洞窟陣地を築いて潜む日本兵は、神出鬼没の攻撃で米兵たちの足を止めた。

西浜の日本軍守備隊から強力な反撃を受けて海岸で立ち往生する、上陸米軍最左翼「ホワイトビーチ」の海兵隊。

ら〝斬り込み決死隊〟を編成し、さらに海岸陣地で激戦中の第二大隊の予備として、これも待機していた第七中隊と師団戦車隊（隊長・天野国臣大尉、軽戦車十七輌）を加えての反撃開始であった。

滝沢喜一さん（茨城県出身）は第二連隊第二大隊通信隊の上等兵であったが、米軍上陸時は天山の連隊本部にいた。

「夜になって第一線配属になった。それで第二大隊のいる一線陣地に行ったところが、生き残っているのは百五十名ぐらいしかいない。通信兵として第一線配属になったんだが、もう通信なんかやっている暇はない。なにもかもわからず、ただ無我夢中で小銃の引き金を引き続けるだけですよ。

そのあと、第一線陣地はもうだめだというので、第二線陣地の富山にある壕に後退したわけです。さらに連隊本部のある後方の天山に引き揚げようということで、二、三人で偵察に行ったのだけど、すでに天山はアメリカ軍に包囲されていて、引き揚げるどころじゃない。結局、その富山の壕にいたのだが、ここもアメリカ兵に発見されて撃ち合いになり、十二、三人が死んだ。それからは行く当てもなくなって散り散りになるわけです」

このころ、米軍は最初の上陸予定地点である西浜、すなわちオレンジビーチの強行突破を断念、先に橋頭堡の獲得に成功した飛行場の南西端から続々上陸、海岸の日本軍陣地を迂回して、天山方面の攻撃へと作戦を変えていた。オレンジビーチでの戦闘は明らかに不利であり、不必要な出費を強いられることが第一回の強行上陸の失敗でわかったからである。

仮に一回目の上陸戦と同じように海岸線で白兵戦が展開されれば、沖に停泊する艦艇からの支援砲撃はできなくなるし、そうなれば周到な準備と水際作戦の訓練を重ねているであろう日本軍守備隊の方が、明らかに有利であろうと判断したからであった。この米軍の上陸迂回作戦は不思議な結果を生むことになる。すなわち、本来もっとも死亡率の高いはずの、米軍の敵前上陸地点の日本軍守備隊が生き残ったのであった。

ペリリュー飛行場の北西に突入しようとしている米第４軍用犬小隊。

飛行場への突入を狙う米海兵隊員たちだったが、巧みにカムフラージュされた日本軍の地下陣地からの攻撃に前進を阻まれる。

日本軍を圧倒する米軍の一斉砲撃戦

歩兵部隊の前進を掩護するために一斉砲撃を開始した米砲兵隊。

日本軍陣地と思われる地帯を砲撃する米軍の75ミリ砲。

〔生還兵の証言〕
果敢に攻めて全滅した日本軍戦車隊

ペリリュー飛行場で展開された戦車戦

米軍の上陸を許した日本軍守備隊は、虎の子の師団戦車隊（隊長・天野国臣大尉）を出撃させてなんとか戦線の挽回を狙った。第一号反撃作戦の実施だった。だが、いまや大勢を変えるには、敵の米軍はあまりにも巨大であった。

海軍陸戦隊に編入され、西浜の歩兵第二連隊第二大隊に配属されていた西カロリン航空隊工作課の塚本忠義上等兵（東京都出身）と、第二大隊本部付だった武山（旧姓・飯岡）芳次郎上等兵は、この軽戦車をともなった反撃作戦の模様を目撃していた。

武山　私たちが海岸に出てちょっと下がったときでした、米軍の戦車が飛行場の方に向かってきた。そうしたら私たちの後方から日本の戦車隊がきたんです。「前へ行っては危ない！　米軍の戦車が

飛行場を疾駆してくる日本軍戦車隊を狙い撃ちする米軍の37ミリ砲。

日本のペリリュー守備隊は95式軽戦車17輌を中心に「第1号反撃作戦」を実施した。しかし、M4中戦車を擁する米軍の反撃に太刀打ちできず、虎の子の日本軍戦車隊は全滅させられてしまった。

いるぞう！」

と叫んだんだが、戦車隊の者は聞かずに突っ込んでいってしまってねえ……。一斉に「突っ込めえ！」ということで、ワァーッと突っ込んで、それきりです。だから目の前でやられてしまった。少年戦車隊員のような人たちでしたねえ。

塚本　私は山の上から目撃したんだが、上陸してきた敵を程田さんたち（第二大隊第五中隊）が食い止めている。そのとき、あの豆戦車がどうして海岸に張りついている米軍を攻撃しなかったのか、それが疑問です。

武山　それはね、戦車は北地区の方にいたから、来る途中でかなりやられている。丸裸になった島の道路を来るんだから、艦砲と空爆の恰好の目標にさらされるわけですよ。だから、せっかく戦車を出撃させながら、何ら威力を発揮しないで全滅しちゃった——。

たしかに塚本さんが疑問を抱くように、日本軍唯一の機械化部隊である戦車をまじえた反撃作戦には問題があった。そのとき、すでに上陸に成功し、橋頭堡の拡大を行っていた米軍は、多量の武器、弾薬の揚陸を行っており、「豆戦車」と呼ばれていた日本の軽戦車に倍するＭ４中戦車も戦闘に参加していたからである。

米軍のＭ４中戦車の攻撃で擱座、破壊された95式軽戦車。

米軍の記録にも、この日本軍の戦車による反撃作戦は時期を失したものであり、上陸した〝敵〟にあまりにも時間を与え過ぎていたと指摘されている。すなわち、日本の戦車隊と歩兵による合同作戦が、もし米軍が戦車や重火器を揚陸する以前の、まだ海兵たちが海岸の砂浜に顔を埋めてライフルの引き金を引いていた時期に行われていたら、数倍の効果を生んでいたであろうというのだ。

もっとも、後日に書かれるこれらの戦闘記録の中の「もしも」「仮に」「あのときこうしたら」という言葉どおりに戦争が遂行されていれば、日本はミッドウェー海戦でもレイテ海戦でも勝つことになるだろうし、東京湾のミズーリ号の艦上で降伏文書にサインするどころか、まったく逆に、太西洋のチェサピーク湾上でアナポリスの海軍士官学校を眼下にしながら、トルーマン大統領が悲痛な表情で無条件降伏文書にサインする……といった情景さえ生まれかねない。戦いの記録に「仮に」や「あのときこうしたら」は不要であり、たいした意味はない。

仮の話はさておき、歩兵を満載して飛行場を真一文字に疾駆してくる日本の軽戦車を、米軍は数十門の無反動砲（対戦車砲）とバズーカ砲の対戦車攻撃隊とで待ち構えていた。

各砲は一斉に火を吹いた。五十七ミリの鉄甲板を射ち抜く無反動砲は、わずか二十ミリの厚さしかない日本軍の軽戦車の装甲板に対してはいやというほど威力を発揮した。軽戦車は次々擱座《かくざ》しては炎上、ある戦車は歩兵を満載したまま木っ端微塵に吹っ飛んだ。かろうじて戦車から飛び降りた歩兵たちも、飛行場のど真ん中では身を隠す一片の遮蔽物もない。まるで射狙い定めた米軍の自動小銃は、

米軍の対戦車砲で擱座させられた95式戦車から脱出した隊員を待っていたのは、火炎放射攻撃だった。黒焦げにされた隊員の遺体はなんとも痛ましい。

ペリリュー飛行場の南端にとりつき日本軍戦車隊を攻撃する米軍。

火炎放射攻撃を受けて焼死した日本軍戦車隊員を見つめる海兵隊員。

撃訓練の的《まと》を倒すように、それら日本兵を薙ぎ倒していた。それでも銃剣をかざし、米軍陣地に突入した兵士も多い。

この師団戦車隊と仲間の歩兵部隊の絶望的な戦闘のさまを目撃していた第二大隊の生還者たちは、「敵の死体の上に味方が倒れ、その上にまた敵の兵隊が倒れてくるといった凄惨な殺し合いだった」と口をそろえる。

一部の記録によれば、「いったん日本軍陣地に逃がれた戦車も二、三輌あったが、戦友に励まされ、今度は戦車に爆雷をつけたまま米軍のＭ４中戦車に体当たりして自爆した」ものもあったという。

まだ二十代であった天野国臣大尉に率いられた戦車隊は、こうして初日に壊滅し、市岡英衛大尉の歩兵第二連隊第一大隊、坂本要次郎大尉の第二大隊第七中隊もその大半が死傷し、第一号反撃作戦は失敗に終わったのであった。

〔生還兵の証言〕

凄惨な西浜の日米白兵戦

戦友に次々末期の水を与えて前進する

米軍の敵前上陸以来、西浜（オレンジビーチ）で白兵戦を展開していた日本軍守備隊だったが、期待の増援（反撃作戦）が失敗に終わったいま、前線陣地は再び孤立状態に陥った。陽が傾くにしたがって戦友は数を減らし、トーチカから持ち出した速射砲で、米軍の水陸両用戦車に立ち向かっていた程田弘上等兵たち第五中隊員も追い詰められていた。

そこで、生き残っている隊員たちは、いったん陣地に下がることにした。

「そのとき、ふと見ると飛行場の方がやられている。そこで、元いた海岸線の陣地に引き揚げ、穴の中で小休止をした。穴の中でしばらく考えてました、ここで自爆しようかとね。そのうちわれに返り、足許をみると手榴弾を五、六個ひとくくりにしたやつがあった。これはいいものがあったと思い、穴を出て、それをかかえて敵の戦車に向かって飛び込もうとした、その寸前でした、先輩の飯島栄一さん（上等兵）から止められたのは……。

そこで二人で話し合い、とにかく第二大隊（歩兵第二連隊）本部のある防弾兵舎（飛行場のはずれにある）に引き揚げることにした。その間はわずか二百メートル足らずなんですが、樹木のない原っぱですからなかなかたどり着けない。なにしろ頭の上にはグラマン（米戦闘機）が旋回しており、バリバリ機銃掃射を浴びせてくる。

やっとのことで防弾兵舎にたどりついたところ、本部付の兵隊たちがいた。彼等は敵とやっていないから、米兵の顔も見ていない。私と飯島さんが水を飲ませてくれというと、ないというんだ。俺なんか第一線から帰ってきたのに、お前らどこにも出ないでいて水も飲ませねえなら、よォーし、いまに見ておれという気持ちで、飯島さんと二人で少し離れたところにある井戸に這い出したんです。すると、後ろから『行ったら危ないから戻れ！』って叫ぶ。艦載機がぐるぐる飛んでいて、たえず監視しており、一人でも

離陸に失敗してペリリュー飛行場南東の林に突っ込んだ１式陸攻の陰で休憩する米海兵隊員たち（9月15日午後）。

発見するとバリバリバリッと撃ってきましたからね。

しかし、水を飲まないことにはしようがねえから、止めるのを振り切って行きました。井戸には飯盒にヒモをつけて汲むようにしたのが置いてあったので、二人で代わる代わるいっきに飲み、水筒にも詰めて引き返してきたんです。あの水の味は、いまでも覚えとりますよ。

二人とも腹が減ってたんで『何か食べるものはないか』と聞くと、また『何もない』という。こ奴らどこまでふざけていやがるんだと思ったが、ここにグズグズしていたら逆に危ないと思い、二人で富山に引き揚げることにし、『おい、いまに見ておれよ！』と、本部の連中に捨て台詞を言って防弾兵舎を飛び出した。その直後だった、敵の戦車が来て防弾兵舎を攻撃したのは……。コンクリートの兵舎はドカーンとやられてしまった。兵

累々と横たわる日本兵の死体をかき分けるように進む米兵。
写真上方の林越しに浜街道が見える。東山あたりか。

舎の中には相当いましたが、全滅です。ざまァみろ！　という気持ちでしたね。こっちはもう敵も味方もなくなってましたからね。ぐずぐずしてたらやられちゃうんだから。

こうして大隊の第二線陣地の富山へ引き返したんですが、その間も必死ですよ、敵の戦車は目前に来ているんですからね。ちょっとでも横を向いたりして油断していたら、バーンと撃ってきますから、それこそ富山まで這って行きました。

途中、負傷して倒れている戦友に何人も会いました。『どうした』と声を掛けると『うーん』と言うだけ。それで水をやるわけです。われわれは自分がいくら苦しくても必ず水筒に半分くらいは水を残しておく。というのは、傷ついて苦しんでいる戦友をそのままにしておくと、米軍に連れていかれてしまうということが頭にあるので、捕虜にしないために水を飲ませるのです。飲むと、そのまま逝ってしまう……。水筒の口を相手の口につけてやると、からからに渇いてますから、あっというまに飲んでしまう。しかし、次の負傷者のこともあるから、可哀想だなぁと思っても、さっと取り上げて『これで我慢しろよ』といい残して次から次へと進んでいった。末期の水という言葉が、あれほどぴったりなのはないですね……」

夜襲失敗、孤立する守備隊

上｜米艦上爆撃機の空爆で炎上する中央山岳地帯の日本軍陣地。

下｜飛行場をほぼ制圧し、島の北部に進撃を開始した米軍。

南地区隊長千明大尉の戦死

硝煙と汗と血に塗られた戦場に、初めての夜が訪れた。だが、兵士たちは眠ることはできなかった。その夜、中川州男ペリリュー地区隊長は、歩兵第十五連隊第三大隊（大隊長・千明武久大尉）に対し、守備するアヤメ、レンゲ両陣地の正面に橋頭堡を確保している米軍への夜襲を命じた。夜は戦闘をしないという米軍の虚を衝く奇襲攻撃である。

上陸初日に予想外の反撃にあった米兵たちは、たしかに怯えていたし、恐怖の夜を送っていたであろう。しかし、それだけに警戒は厳重であったし、日本軍の得意とする夜襲は、すでにマキン、タラワ、サイパン、テニアン、グアムなどの戦いを経てきた米軍にとっては充分予想できる作戦でもあった。

夜襲部隊は米軍の指揮所を突破、一時は米軍を混乱に陥れ、夜襲は成功するか

戦闘48時間、疲れ切って小休止で眠りこける米兵たち。

に見えた。だが米軍側の応戦は日本軍を完全に圧倒するものだった。千明大隊長は九月十六日払暁に戦死し、作戦は失敗した。米軍上陸以来二十四時間、約七百五十名の大隊員のうち、生き残っている者は約三百名足らず、すでに大隊員の六割を失っていた。その上、守備していた西浜のアヤメ、レンゲ両陣地も失い、千明大尉の後を継いで大隊の指揮を執っていた奥住栄一中尉（同大隊第七中隊長）は残存兵を集め、東海岸の南湾を挟んだ南島半島と、中崎に後退させ、態勢の立て直しをはかることにした。

一方、この上陸二日目の朝、日本軍の夜襲を撃退した第一海兵師団は、大半の兵員と機器類、それに多数の戦車を揚陸させていた。

午前八時、島を取り囲んでいる艦艇群からの砲撃と艦載機の空爆を合図に、上陸している海兵隊は二手に分かれて進撃を再開した。一隊は日本軍の歩兵第十五連隊第三大隊と海軍防空隊配属の特設第三十八機関砲隊（陸軍）の残存兵が守備している南島半島方面に。もう一隊は飛行場を横断する形で、歩兵第二連隊第二大隊（大隊長・富田保二少佐）が守るイシマツ、イワマツ、クロマツ陣地方向に進んだ。戦車十輌をともなった約二個連隊の大軍であった。海岸の陣地を死守する富田大隊の四、五中隊は、ここで完全に背後を敵に奪われ、天山、富山など島の中心部に布陣する主力と分断されてしまった。すなわち、米軍の艦艇が群がる正面と、背後から押し寄せる海兵隊とに挟撃されることになったのである。

当然、四、五中隊の陣地は混乱に陥った。正面（海岸側）の砂浜にへばりつく米軍に向かって攻撃していると、味方が守っているとばかり思っていた右や左、そして後方からも弾丸が飛んでくる。

狙撃兵である程田弘上等兵は、味方が間違って撃っているのだろうと思い、急いで小銃に日の丸を結んで「友軍だぁ！」と叫びながら二度、三度と大きく振った。途端に攻撃はいっそう激しくな

浜街道で米軍の攻撃に遭って斃れた日本軍の77ミリ野砲隊員。

り、弾丸が周囲に突き刺さってきた。その小銃音をあらためて耳にし、程田上等兵たちは米軍の攻撃であることを知ったのであった。

じりじりと島の内部に攻め寄る米軍への反撃は、時を追って激しさを増していた。日本軍守備隊の主力が立てこもる天山や、大山方面から撃ちだされる十サンチ砲と野砲による集中砲火は、飛行場を占領した米軍の頭上に正確に落下していた。落下というより、それは山腹から狙い定めた垂直砲撃といってよかった。

だが、日本軍の砲火は長続きしない。日本軍の砲門が火を吹けば、その数分後には必らず米軍の各種砲撃が、山腹の日本軍砲台に向かって集中されるからである。孤立した海岸の陣地からは、それら味方の砲台が次々と沈黙させられるさまが手に取るように見える。陣地の中には悲壮感がただよいはじめていた。

米軍戦車への肉弾攻撃

戦車を前面に押したてて進軍する米海兵隊。

爆薬背負って敵戦車に突入の中隊長

九月十六日午後三時頃、歩兵第二連隊第二大隊第五中隊長の中島正中尉は、西浜のイシマツ陣地付近で前後から挟撃されている中隊の指揮を執っていた。中尉は階級章をもぎとり、一般兵士用の軍服を着ていた。将校服など着ていると、米軍狙撃兵の恰好の標的にされるからである。だが、負傷していた中島中尉は、このとき、すでに死を覚悟していた。

中尉は陣地に向かって押し寄せてくる米軍戦車を目にするや、爆薬（黄色火薬）を背負い、点火すると同時に「オレがやる」と短い言葉を残し、戦車に向かって飛び込んでいった。

「中隊長、戻って下さーい！」

兵たちは叫んだ。しかし、中島中尉は戻らなかった。代わりに轟音と火柱が目前に広がり、米軍のM４中戦車は炎に包

日本軍狙撃兵を警戒しながら「スーサイド・リッジ」（自決の丘）を攻略する米軍。

まれ、擱座した。

　富田保二第二大隊長が負傷したのもこのころであった。米軍の挟撃でどんどん減っていく部下を見て、中島中尉と同じく重傷の富田少佐は自らも助からないことを悟っていたに違いない。

　少佐は、それが大隊長としての最後の命令になる言葉を発した。

「私は負傷兵たちとともに死んで行く。お前たちは生きられるだけ生きて、連隊本部に連絡してくれ……」

　海浜陣地の負傷者はコンクリート製トーチカや近くの壕の中に収容されていた。富田少佐もその中の一人であった。壕の中には三十名以上の負傷者が詰め込まれていた。動ける兵は数えるほどで、大半は重傷者だった。富田少佐が〝最後の命令〟を出したのは、その負傷者たちが呻くトーチカと壕を目指して五台のＭ４中戦車に護衛された百名近い米海兵隊員が

米軍の水陸両用戦車。

包囲網をジリッ、ジリッと縮めてきたときだったのである。そして富田少佐の負傷により、第二大隊の指揮は第六中隊長の大場孝夫中尉に引き継がれた。

　一方、中島中隊長が戦死したあとは、宍倉という軍曹に率いられていた第五中隊員だったが、その宍倉軍曹の指揮で一斉突撃を敢行し、それまで百五十名近くいた中隊員は二十四、五名に減っていた。弾薬も残り少なく、包囲網を縮める米軍戦車に立ち向かう大型火器もすでに破壊されてしまってない。残された方法が肉弾攻撃だけであることは、誰もが知っていた。

　米軍のＭ４中戦車が大きな砲塔をぐるぐる回しながら迫ってきた。

「工兵隊！　あの戦車を攻撃しろ！」

　宍倉軍曹が叫んだ。だが、いかに工兵隊員といえども、迫りくる戦車を攻撃することは確実に死を意味することを知っている。動こうとする兵はいない。

　当時の日本軍には、米軍の自走無反動砲やバズーカ砲といった接近戦における強力な対戦車砲がなかった。戦車攻撃用兵器として使われたのは、もっぱら棒型地雷であった。長さが約一メートル、四個の信管を持ち、一トン以上の重量物を吹き飛ばす威力を持っている。この棒地雷を敵戦車のキャタピラの中に突っ込み、爆破、擱座させるのだ。いたって原始的な方法である。

　だが、敵戦車のキャタピラに棒地雷を抱えていって突っ込むのは人間である。もちろん生きて戻ることは望めない。

「工兵隊が戦車を恐ろしがっていてどうする！」

　宍倉軍曹は再び叱咤した。その叫びが終わるか終わらないかの瞬間、Ｍ４中戦車の機銃が乾いた連続音を発した。軍曹の陽焼けした体に重い機銃弾が立て続けに吸い込まれた。軍曹は横っ飛びするように倒れ込んだ。

　棒地雷による敵戦車攻撃のチャンスは失せてしまった。戦いは海岸線に作られた低い堤防のような遮蔽物を間に挟み、日米間わずか十数メートルを置いての手榴弾の投げ合いとなった。海岸は見る間に日米双方の死体で埋まっていった。

日本軍の狙撃兵に撃たれて倒れた戦友に水筒の水を飲ませる米海兵隊員。

塹壕の中から米軍戦車に応戦していた12名の日本兵に、米軍は75ミリ砲と火炎放射器で反撃し、全員を戦死させた。

「捕虜よりは死を」と戦友を爆殺

味方のトーチカに投げ入れられた手榴弾

天山にあったペリリュー地区隊本部から、壊滅寸前に追い込まれた西浜の西地区隊に撤退命令が出されたのは、前記の白兵戦の最中であった。しかし、なかでもおびただしい負傷者を抱えた第五中隊の生存兵たちにはどうすることもできなかった。撤退すべき富山の第二線陣地へ通ずる道路や山峡はすでに米軍の手中にあり、無傷の兵をはるかに上まわる負傷兵をかばいながらの撤退など思いもよらない。

将校は大半が戦死していた。高崎という准尉が元気でいた。飯島栄一上等兵の直属上官である分隊長は、負傷者で充満しているトーチカを見やりながら、高崎准尉につぶやいた。

「准尉殿、あれ、どうしますか？」

准尉は黙ったままトーチカを凝視していた。返事はなかった。分隊長は右手に持った手榴弾の束を軽く持ち上げ、口を開いた。

「これで、やりますか……」

准尉は無言のまま頷いた。

分隊長は戦車攻撃に用いた三個の手榴弾の束をトーチカの中に投げ入れた。鈍い爆発音と同時にトーチカの出入り口から白煙が吹き出してきた。凝視していた兵たちのある者は顔をそむけ、ある者は

西地区隊の生還兵の梶房一上等兵（歩兵第２連隊第６中隊）は、9月16日に兄弟兵士の最期を目撃した。「午後２時半ごろ、隣の５中隊と一緒に戦っていた工兵隊の張替という兵隊が、私の中隊にいる弟の一等兵を訪ねてきたんです。そのとき二人とも重傷を負っていて兄貴の方は這うようにしてやってきました。やがて二人は抱き合って息絶えました。この写真の場所は多少違うような気もしますが、でも、似ています。もしかしたら張替兄弟かもしれませんね……」

流れ落ちる涙をぬぐおうともしないで、ただ棒立ちになっていた。

　飯島栄一上等兵は「私もその一人だった」といい、いま、また涙を流す。

「悲惨でした。しかし負傷者をそのままにしておいてもどうせ殺《や》られる、それなら友軍の手で……というのが当時の日本軍の教えだったからねえ……。だから負傷者も『殺ってくれ』と自ら申し出てました。捕虜になったのは意識不明のところを米軍に発見された者がほとんどで、負傷してても意識のある者は自爆していきました」

爆破された日本軍のコンクリート製トーチカ。もしかしたら「捕虜になるよりは戦友の手で」と友軍が手榴弾を投げ入れたのかも……。

　歩兵第二連隊第四、五中隊のわずかな生存兵たちは、第二線陣地の富山に向かって撤退を開始した。しかし、富山にいたるわずか数キロの間には米軍が展開しており、一メートル進んでは伏せ、また一メートル進んでは伏せるという、まさにバッタの進軍であった。いや、敵に囲まれた〝後退〟という、何とも奇妙な撤退である。

　ともあれ第四、五中隊員が海岸陣地と富山のほぼ中間まで進んだとき、第二大隊本部の軍曹に出会った。

「ほらみろ、富山はもう爆撃を食らっている。行ってもダメだ。それより一番右端の陣地の第六中隊が健在だから、海岸に戻って第六中隊に合流しよう」

　大隊本部の軍曹の情報で、第四、五中隊の兵士たちは再び海岸を目指して戻りはじめた。軍曹の言葉どおり第二大隊本部のあった富山はもちろん、地区隊本部のある天山も猛烈な砲爆撃にさらされているのが眺められた。しかし山腹の隠蔽壕から応戦する味方の野砲も、絶えず火を吹いている。海岸の陣地に引き返した兵士たちは〈まだ大丈夫だ〉と、その味方の火砲に安堵したのだった。

　陽は沈み、戦場は二日目の夜を迎えようとしていた。米軍の上陸を受けて以来三十数時間、日本軍守備隊は一睡もしていない。疲労はその極みに達していた。しかし、眠ることは死ぬことに通じる戦場では、睡魔よりも生きるための緊張感のほうが勝っていた。

死傷者続出の日米前線部隊

大隊長に続き中隊長も次々と戦死する西浜の指揮官なき最前線

九月十六日の夜襲も失敗す

北浜と西浜の中間点、ペリリュー地区隊本部の置かれた天山や大山を背にしたモミ陣地の歩兵第二連隊第六中隊は、米軍の上陸地点から多少離れていたため損害は比較的少なかった。そこで第二大隊の指揮を引き継いだ大場孝夫中尉（中隊長）は、第四中隊と第五中隊の合流組も含め、西海岸沿いに夜襲をかけることにした。この夜襲には、前日全滅した師団戦車隊とともに出撃した大隊予備の第七中隊の生存兵も行動をともにしている。

第六中隊の小隊長であった山口永少尉は、この前線陣地の生還兵の中では数少ない将校の一人であるが、夜襲の模様をこう語る。

「十六日の夕方からの夜襲は失敗でした。敵は日本軍のキリコミを警戒してひと晩中照明弾をあげており、まるで昼間と同じだった。

夜襲というのはかたまって突撃するのが普通ですが、昼間のように明るいうえに、ジャングルは砲爆撃で吹っ飛び裸同然、隠れるところもないから一団になって行くことができない。さらに、米軍は夜間は戦闘はしないが、陣地のまわりは鉄条網で囲っている。そこを狙って斬り

上陸２日目の９月16日夜から17日にかけて、米軍は飛行場の大半を含む島の南部一帯をほぼ手中にしていた。しかし、損害も大きかった。写真は海兵隊員の死体を前線から後送する海軍工作隊員。

飛行場の奪取に成功した米軍だったが、損害も大きかった。ペリリュー飛行場北部に横たわる海兵隊の戦死者たち（9月18日）。

込みにいくんですが、なにしろ照明弾で明るく、思うような成果はあがりませんでした」

　九月十六日のこの夜襲には、南地区をかろうじて死守していた歩兵第十五連隊第三大隊の残存兵士も呼応して攻撃を敢行したが、同じく失敗、同大隊は爾後《じご》、本部との通信連絡も跡絶え、守備隊主力から完全孤立の状態になってしまった。

　さらに、飛行場付近に夜襲をかけた海軍陸戦隊も成果をみることなく、富山周辺の第二線陣地に後退しなければならなかった。また、中川大佐のペリリュー地区隊本部も米軍の攻勢の前に指揮所を天山から大山に、戦闘指揮所を観測山にそれぞれ後退させ、その本部直轄部隊を前線各部隊に呼応させて肉弾斬り込み隊を繰り返し送り、反攻をこころみるものの結果は配下兵士の損耗をみるのみで、戦線を好転させることはできなかった。

頭部や顔面を負傷し、戦友に付き添われて前線を離れるスミス上等兵。彼はグロスター岬（ニューブリテン島）の戦いの勇士である。

次々斃れる前線の指揮官将校たち

大場孝夫中尉に率いられる歩兵第二連隊第四、五、六中隊の第二大隊生存者は、夜陰にまぎれて、海岸陣地から富山の第二線陣地にやっとのことで後退したが、いまや島の南部を占領された小さなペリリュー島に安全な場所などなかった。

戦闘三日目の九月十七日、米軍は軽、中戦車をまじえた約一個大隊を島の中心部の中山方面に、別の一個大隊を西浜寄りの富山に進ませ、一斉攻撃をかけてきた。迎える第二大隊の生存兵は疲労の極みに達していた。形勢が日本軍に不利なことは誰の目にも明らかであった。

しかし、戦闘は熾烈を極めた。日本軍の必死の抵抗は米海兵隊員を恐怖につつみ、多くの死傷を強いた。だが、戦力の比はいかんともしがたく、大隊長代理の大場孝夫中尉、第四中隊長川又広中尉など、大隊の幹部将校をはじめ三日間の戦

赤道直下での負傷は、たちまち人体を腐敗させてしまう。一刻を争う手当が兵士の生死を決める。米軍の衛生兵たちは続出する負傷者の搬送に眠る時間も与えられなかった。

大勢の負傷兵の救出、搬送で疲れ切って寝入る救護班の兵士たち。

闘を生き抜いてきた将兵の大半が戦死し、部隊は全滅に近い打撃を受けてしまった。

　ところが、飯島、鬼沢、程田上等兵ら第五中隊の数少ない生き残り兵は、ここでも助かったのだった。

　飯島栄一上等兵は回想する。

「十七日の戦闘後、第六中隊本部とともに天山の東の洞窟に撤退しました。そのとき大場中隊長が伝令を連れて偵察に来ていたんですが、敵の戦車に発見されてしまった。こりゃまずい、全員殺られてしまうと思ったんでしょうか、自ら、いきなりその戦車に爆薬を抱えて飛び込み、戦死です。鬼沢君とはこのとき一緒になったんです。私ら五中隊員はそのとき七名ぐらいしか生き残っていませんでしたから嬉しかったですよ。

　もう中隊の指揮を執る者もいなくなり、どうしていいかわからないので、連隊本部に合流しようということになった。いま思うと、そのとき連隊本部はすでに天山から大山に移動していたんですが、とにかく天山に向かいました。その途中、アメリカ軍の手榴弾攻撃にあったりしたが、どうにかたどりつけた。そこで富山から撤退してきたほかの中隊の連中と一緒になれたんです。

うまい具合に天山の中腹に壕が掘ってあって、結局、第二大隊の生存兵はこの壕に立てこもって十二月いっぱい戦闘することになるわけです。そのとき、山口少尉たち第六中隊の生き残り兵たちも天山の別の壕にいたんです」

その山口少尉も振り返る。

「本当にひどかったのは一週間ぐらいだった。その後は一線から下がって、複雑な地形でいたるところに小高い山や谷があり、その自然の洞窟を利用して作った陣地に引き揚げて防禦態勢に入ったわけです。日中は洞窟陣地の中にいて、夜になったら出かけていくというゲリラ戦の毎日でした。そのたびに仲間の兵は数が減り、損害は大きかったが、米軍の損害もまた大きかったと思います」

山口少尉の推測どおり米軍の損害も甚大であった。敵前上陸第一陣のクジを引いた米軍部隊は、既記のようにガダルカナル上陸作戦以来つねに〝栄光〟と〝精鋭〟という名を冠せられてきた第一海兵師団約二万八千名であった。物資の補給も兵員の増員も望めない日本軍守備隊は、持久戦とはいえ実際は玉砕を前提とした〝消耗持久戦〟である。しかし、戦闘思想を異にする米軍には「玉砕」などという全滅に代わる言葉は存在し得ない。

今まで負けを知らずに進軍してきたラッキー・ボーイたち――この歴戦の第一海兵師団にとって、「ペリリュー」はそ

飛行場を奪取し、前線で次の作戦を練る海兵隊の将校たち。上陸以来４日目、ペリリュー島南部の日本軍の組織的抵抗は終わりを告げつつあった。

日本軍の砲撃でペリリュー飛行場の北側で戦死した海兵隊員。隊員は右の脚が付け根から吹き飛ばされている。

の部隊史に初めて書かなければならない敗北の戦いとなっていたのである。とくに上陸第一陣を担った第一海兵連隊の損害は大きく、実に全将兵の五〇パーセントを超える死傷者を出している。おかげでこの連隊はペリリュー上陸二週間後の十月二日、戦力回復という名のもとに島を去り、他の海兵連隊（第五、第七連隊）もペリリュー上陸の翌九月十六日に隣接するアンガウル島攻略部隊として作戦中であった歩兵第八十一師団第三百二十一連隊と、ウルシー環礁攻略後の第三百二十三連隊の応援を受けるハメになり、第一線を交代している（十月六日）。かくして〝栄光の第一海兵師団〟は各連隊とも三〇パーセントから六〇パーセントという損害を受け、ついに十月三十日までに全部隊がソロモン群島ラッセル諸島の後方基地へと撤退していったのである。

第2章　徹底抗戦

敵将ニミッツ元帥は回想する

バンザイ突撃を捨てた洞窟陣地戦

日米両軍が激突した太平洋の島嶼戦での日本軍の抵抗期間はそう長くはなかった。それは彼我の戦力が質量ともにケタが違い、米軍が圧倒的優勢を誇っていたことにあるのはいうまでもない。加えて水際撃滅という日本軍のお家芸が、近代兵器を装備した米軍には通ぜず、自らの死期を早めたこともある。すなわち、いったん敵米軍に海岸線に橋頭堡を築かれるや、日本軍はあのサイパン戦で見せたような「バンザイ突撃」を敢行し、兵士たちは敵の前に伏していったのである。それは現代戦の雌雄を決する制海・制空権を失いつつあった日本軍には、孤島の守備隊に武器弾薬はおろか、一粒の米さえも補給できなかったことにも悲劇の原因はあったのであるが……。

補給が得られなかったことでは、ペリリュー島守備隊もまったく同じであった。保有している弾薬だけでの戦闘は、算術をひもとくまでもなく限りがある。しかし、玉砕、すなわち全滅が前提の戦いとなれば、一日でも長く敵を引き止めておくことこそが最良の戦術である。相手により多くの代償を強いるからだ。

ペリリュー地区隊長の中川州男大佐は、まさに配下の将兵と自らの命を、できるだけ高く米軍に売りつけることによって、後方の日本軍を助けようとしたのだった。そこで取り入れたのが、徹底した洞窟陣地戦だったのである。それは無益な集団突撃を繰り返す日本軍の戦闘パターンを見てきた米軍を、いささか戸惑わせた。

敵将チェスター・W・ニミッツ元帥は回想している。「従来は、連合軍の水陸両用攻撃に対処する日本軍島嶼指揮官に出されていた命令は『守備隊は水際において攻撃軍を迎え、これを撃滅せよ』というものであった。しかし組立式装備を小舟艇により海岸に運ぶ米式上陸行動や支援方式に対しては、この日本の戦法はいたるところで大きな損害を生じたのであった。

日本軍の新計画は、慎重に計算された縦深防禦法を採用したものであった。水際における消耗兵力は単に米軍の上陸を遅延させる目的で配備されており、主抵抗線は海軍艦砲の破壊力を回避するためにずっと内方に構築されていた。この線は、ここの地形の不規則なあらゆる利点を利用した陣地網によって支援されることになっていたし、人知の考え及ぶかぎりのあらゆる器材によって難攻不落なものとして構築されていた。

守備兵力は、好機到来に際して反撃のための予備として、できるだけ温存されるはずであった。そこでは、もはや無益なバンザイ突撃は行なうべきではないとされ、守備兵の一人一人がその生命を、できるだけ有効に高く相手に買わせることになっていた（略）。

第一海兵師団が、海浜めがけて突進したとき、上陸用舟艇の受けた損害や死傷の大部分は、北東にのびる稜線を利用した、要塞の背後に布陣した砲兵陣地からの砲火によって生じたものであった。この山背からの連続射撃や、主防禦線からの一連の反撃をものともせず、海兵隊員はすばやく上陸拠点を固め、飛行場に進出した。しかし、北東の山背に突入したとき、上陸軍は新しい抵抗線にぶつかった。ここで日本軍守備隊は五百個をこえる、人工または自然の洞穴の迷路のなかに立て籠ったのであるが、その大部分は内部が交通できるようになっていて、鉄扉を持ったものまであり、全部が草木によって巧妙に偽装されるか隠蔽されていた」（『ニミッツの太平洋海戦史』）

このペリリューで見せた日本軍の長期持久戦は、絶対国防圏の要衝として大本営が「絶対に大丈夫」と自信を持っていたサイパン島守備隊が、あっけなく玉砕してしまったことに衝撃を受け、それまでの水際撃滅主義を捨て、新たに発令した「島嶼守備要領」（昭和十九年八月十九日示達）、すなわち主抵抗線を「海岸カラ適宜後退シテ選定スル」ことにした最初の戦法であったのである。

中川州男大佐

チェスター・W・ニミッツ元帥

守備隊長は長期持久戦に徹すべし

山岳地帯の洞窟陣地に潜む日本軍と増援の米陸軍部隊の死闘

米軍の猛烈な砲爆撃から多くの日本軍将兵を守った山岳地帯の洞窟陣地の入り口。

北地区隊と米軍の攻防戦始まる

　戦闘四日目の九月十八日以降、米軍上陸地の西浜を守備していた西地区隊やペリリュー地区隊本部などは、大山を中心とした観測山、南征山、東山、水府山といった島の中央山岳地帯に追い詰められていく。しかし、この山岳の洞窟陣地に立て籠って徹底抗戦を開始した日本軍は頑強だった。大本営陸軍部の新島嶼守備要領が効を奏しはじめたのだ。ペリリュー守備隊は攻められれば引き、敵の隙を見つけては少人数による肉攻斬り込み隊を繰り出し、蟻の巣のように縦横無尽に掘りめぐらした洞窟陣地を利用して、頑強な抵抗戦を繰り広げていた。それは正規軍同士の戦いというより、ゲリラ戦そのものであった。

　この山岳地帯の地形を利用した日本軍の戦術は巧みで、米海兵隊の進撃は遅々として進まない。米軍は四六時中、島の上空に偵察機を飛ばしているものの、珊瑚の洞窟陣地内に隠蔽された野砲陣地を発見することは難しかった。だから日本軍の発砲の閃光によって砲の位置を測り、確認された砲座はただちに陸と空と海（艦砲）から集中攻撃を加えて沈黙させるというパターンを繰り返したのだった。それだけに、米軍側の損害もうなぎのぼりに増大していた。上陸以来一週間が過ぎた九月二十二日現在、海兵隊の死傷者はすでに三千九百十六名を数え、戦闘員は六割以下に減っていた。そこで米軍の戦闘指揮官は、日本軍守備隊主力がいる山岳地帯を包囲、迂回する形で西浜から北浜に続く海岸線に兵を進めることにした。だが〝主役〟は違っていた。

日本軍狙撃兵が潜む地下壕に火炎攻撃を加える水陸両用戦車。
米軍の飛行場周辺への掃討は徹底を極めた。

九月二十三日昼過ぎ、日本軍が「浜街道」と呼んだ西浜の海岸道路に沿って進撃中の部隊は、それまで日本軍が戦ってきた海兵隊ではなかった。米軍の最右翼（島の北部）で日本軍と激闘を展開してきた米軍は第一海兵連隊で、損害が激しく、約一個連隊の陸軍部隊と交代して第一線から退いたのだ。代わった陸軍部隊は、隣のアンガウル島攻略作戦を遂行中の第八十一師団所属の一部であった。そして部隊は浜街道を一直線に北上し、二十三日の夕刻には日本軍北地区隊の守備範囲である島の中心地点、ガリキヨク付近まで進出したのだった。

一方、米軍を迎える独立歩兵第三百四十六大隊長・引野通広少佐指揮の北地区隊の主力は、島の北端の水戸山に布陣していたが、アンガウル島から転進してきた、新着の米陸軍部隊が進出したガリキヨク周辺（ツツジ陣地）には、前田健蔵中尉を指揮官とする同大隊第二中隊があり、北地区隊はここで初めて米軍を迎撃、戦闘を開始したのである。

ペリリュー島上陸以来、米軍の重点攻撃地区は飛行場奪取が目標だったから南部の海岸と西海岸におかれていた。また水戸山を中心とする北部地区は地形的にも狭く、海岸橋頭堡を築くには難点がある。上陸地点としては戦術的にも多大な損害が予想されたため、米軍は南部からの陸路攻撃を採用したので後回しにしていたのだ。

それが急遽北部攻撃に転じたのは、中央山岳地帯の日本軍主力の強固な抵抗ということもあったが、歩兵第十五連隊第二大隊（大隊長・飯田義栄少佐）八百四十名が、パラオ本島からペリリュー島に逆上陸を敢行してきたからだった。

詳細は後述するが、この飯田大隊の敵前逆上陸地点は、ガドブス島とペリリュ

日本軍の塹壕を目前にした米軍は、兵員輸送用装甲車の援護を受けながら塹壕に爆薬を投げ入れた。

ー島との間の浅瀬を利用し、ガルコル波止場を目指すものであった。しかし、飯田大隊の動静は、島を取り巻く米艦艇や哨戒機の情報によって、米軍司令部はかなり正確につかんでいたのである。

　海兵第一連隊と交代した陸軍第八十一師団麾下《きか》の米陸軍部隊と戦闘に入ったツツジ陣地の第二中隊は、わずかに機関銃二丁と速射砲のほかは小銃だけという劣勢にもかかわらず、米軍の先遣隊を撃退することに成功した。戦闘は夕闇の中にもつれ込んだが、夜間戦闘を好まない米軍の反撃は翌日に持ち越された。

　明けて九月二十四日の早朝、予想どおり米軍は十数輌の戦車を前面に、そして海上からは強力な艦砲射撃の支援を受けて、ツツジ陣地に殺到してきた。だが、第二中隊の必死の反撃に遭い、米軍がこの日本軍陣地を占領したのは八時間後の午後三時過ぎであった。水戸山の北地区

米軍の戦車搭載長距離火炎放射器による掃討戦は、弾薬を使い果たし、食糧も水もない日本軍守備隊にとっては、まさに焦熱地獄だった。

隊本部にある引野少佐は、予備の二個小隊を第二中隊の救援に送り、陣地奪還を策した。第二中隊長の前田中尉は生き残った隊員と二個小隊というわずかな兵員を指揮し、夕陽の映える北浜の白い珊瑚の海を右手にして逆襲に出た。

陣地は再び第二中隊のものとなった。しかし、陣地の維持は長くは続かなかった。夜襲をかけるために隊陣を整えている第二中隊と増援の部隊の頭上に、砲弾の雨が一斉に降りそそいできたのだ。あっという間に死者が続出、陣地の守備隊は壊滅状態に陥ってしまった。

夕闇せまる午後の七時ごろ、わずかな生存兵は水戸山の大隊本部に向かって退却するのがせいいっぱいであった。

ツツジ陣地を失った引野少佐は、ここで水戸山に主力を集め、一部を中の台に送って態勢の立て直しをはかることにしたのである。

一進一退の中央山岳戦

強力な米軍を撃退する日本軍

　ペリリュー島の攻防は飛行場一帯の平地から島の中央に連なる山岳地帯に移っていた。九月十九日、米軍は約一個連隊を東山の攻撃に投入した。その一部は東山の南面を占領したが、その夜、日本軍の反復攻撃にあい、翌朝には後退していった。そして兵力を立てなおした一個大隊の米軍は、再び東山に攻撃を仕掛けてきた。今度は空陸からの砲爆撃に加え、十数輌の戦車、水陸両用装甲車も歩兵の支援に参加してきた。だが、洞窟陣地の日本軍は頑強に抵抗した。米軍は再び撃退させられた。

　この東山、大山を中心とする中央山岳地帯の戦いは、二十一日、二十二日と続くが、急斜面の峻険な地形を巧みに利用する日本軍の反撃によって、米軍の攻撃は次々と失敗した。米軍の死傷者は続出し、将兵は疲労の極みに達していた。しかし、死臭と疲労の中で銃をとっているのは日本軍とて同じであった。米軍上陸以来一週間、日本軍守備隊の大半の兵はほとんど睡眠もとれず、ただただ精神力で銃をにぎっていた。

山岳地帯の洞窟陣地から狙撃してくる日本軍狙撃兵を狙い撃ちする海兵隊員。

地下壕や山岳の洞窟陣地に潜む日本軍にとって、米軍が新たに投入した戦車搭載長距離火炎放射器は脅威の武器になった。この火炎攻撃で多くの将兵が炎に焼かれていった。

ペリリュー島のジャングルは消え失せ、裸の山と化してしまった。しかし、瓦礫の山肌の中の洞窟には依然として多くの日本兵が潜んでいた。米海兵隊の偵察用軽飛行機「イナゴ」はその頭上を低空で飛行、日本軍陣地への砲撃を指示する。

歩兵第15連隊第2大隊、決死の敵前逆上陸作戦

戦友を見殺しにするな！

　引野通広少佐に率いられた独歩第三百四十六大隊を主力とする北地区隊が、その苦しい戦闘を開始した前日の九月二十二日、パラオ本島の集団司令部は歩兵第十五連隊第二大隊を中心とする「ペリリュー逆上陸部隊」の派遣を決定した。隊長には同大隊長の飯田義栄少佐が任命された。

　当初、この敵前逆上陸作戦はパラオ集団の計画にはなかった。作戦の提唱者は歩兵第十五連隊の福井義介連隊長だった。しかし、パラオ集団司令官の井上貞衛中将も参謀長の多田督知大佐も、最後の最後まで反対していた。その理由は、米軍はアンガウル、ペリリュー攻略後は必ずパラオ本島（バベルダオブ島）にやってくる。パラオ諸島で最大の面積を有する同島がアンガウル、ペリリューに倍する戦略価値を持っていることを米軍が見逃すはずはない。主決戦場は集団司令部のあるこのパラオ本島なり、というのが司令官、各参謀の見解であったからだ。

　パラオ集団の中核である第十四師団を構成する水戸、高崎、宇都宮の三個連隊のうち、水戸の歩兵第二連隊はペリリュー島に、高崎の歩兵第十五連隊も第三大隊をペリリューに送っており、宇都宮の歩兵第五十九連隊も配下の第一大隊をアンガウル島の守備として残し、すでに同大隊は玉砕寸前の状態にある。主決戦場とにらむパラオ本島の中核となる集団直轄部隊は、いまや高崎と宇都宮の各二個大隊の計四個大隊しかいない。この中からさらにペリリューに増援を送った場合、直轄部隊は一個連隊程度の兵力しか残らないことになる。

　井上中将をはじめとする師団司令部が反対するのは当然ではあった。いや、師団司令部からの増援問い合わせ電報に対し、ペリリュー地区隊長の中川州男大佐は「ペリリューに兵力を注ぎ込んでも無駄である」と、強い反対電報を打ち返している。それにもかかわらず敵前逆上陸の決行を強力に主張したのは、歩兵第十五連隊長の福井大佐であった。

　福井大佐はペリリュー島に派遣されている中川州男大佐とは同期（陸士30期）であり、同じ十四師団麾下ということもあって親しい間柄であった。その中川大佐が苦しい戦闘を強いられているのを知りながら、親友として黙視することができなかったのかもしれない。さらに、直属の配下であり、部下である千明武久大尉を大隊長とする約七百五十名の第三大隊が、中川大佐の指揮下で戦っている。それも、いまや全滅に近い損害を被り、

砂袋を積み上げた待避壕で日本軍の状況を分析、海兵隊司令部に情報を送る隊員たち。

すでに中川大佐の地区隊司令部との連絡も途絶えているという。上官であり、連隊長でもある福井大佐としては胸が裂かれる思いであったろう。

福井大佐の敵前逆上陸決行の主張は激烈だった。井上中将は、ついに福井大佐の主張を認めた。だが、結果は後述するように完全なる失敗、惨憺たる状況を生むことになった。逆上陸を敢行するには、すでに時を失していたのである。

第一艇隊、逆上陸に成功す
敵の銃砲弾飛び交う中で上陸

日本軍の逆上陸部隊は、福井大佐の主張する「パラオ本島にある第十五連隊全員」は認められず、同連隊の第二大隊（歩兵三個中隊、砲兵一個中隊、作業小隊、工兵一個小隊、通信中隊の一個分隊、衛生中隊の一部）だけということになった。大隊長には歩兵第二連隊出身で、茨城県生

戦闘11日目のペリリュー飛行場には米軍の各種飛行機がずらりと翼を休め、出撃を待っている。これら航空隊にも日本軍増援部隊への攻撃命令が出された。

まれの多いペリリュー守備隊員と同郷の飯田義栄少佐が選ばれた。

逆上陸部隊は、まず村堀利栄中尉を隊長とする第五中隊と配属の工兵小隊（総兵力二百十五名）が先遣隊となり、九月二十二日の夜十時半、海上機動第一旅団輸送隊所属の第一艇隊（高橋少尉以下三十四名）の大発五、小発一隻に分乗してアルミズ桟橋（パラオ本島とコロール島の間の水道）を出発した。目指すのはペリリュー島北端のガルコル波止場。その距離は約五十六キロである。

六隻の舟艇は無数に散らばる島影づたいに、静かな夜の海を進んだ。途中、何度か座礁、離礁を繰り返したものの、暗夜に助けられて米軍の監視の目をくぐり抜けた。目的のガルコル波止場は数キロ先にあるはずだ。アルミズ桟橋を出てすでに六時間、午前四時をまわっている。

突然、闇夜の静けさを一挙に引き裂く艦砲の重い音、腹を突き刺す機関砲の音が四囲から一斉に襲ってきた。米軍に発見されてしまったのだ。

「全速前進！」

第一艇隊長の橋本少尉は全舟艇に命令を発し、一挙に米軍の警戒網の中を突っ走った。イチかバチかだった。そして賭けは勝った。全舟艇は一隻の損害もなく、九月二十三日午前五時二十分過ぎ、ガルコル波止場に到着したのである。

日本の逆上陸部隊を上空から監視する米哨戒機「パイパー・カブ」機。

だが、米軍の追撃は執拗だった。日本軍が上陸を完了した直後、今度は空から襲いかかってきた。この空襲で十四名が死傷し、六隻の大発、小発は全艇が沈没した。しかし、敵前逆上陸という目的は奇跡的に達成され、二百名近い戦闘員はペリリュー守備隊主力が布陣していると思われる大山付近に前進したのだった。

ところが、この村堀先遣隊の上陸成功は、あとに続く飯田大隊主力の前途に暗い不安を投げかけた。米軍の海上哨戒がより一層厳重になるであろうことは容易に察しがつく。そして、実際に飯田大隊主力が悲劇的な場面を迎えたことで、それは立証された。

目前で座礁した第二艇隊

九月二十三日午後八時三十分、ペリリュー逆上陸部隊の主力は村堀先遣隊より丸一日遅れてアルミズ栈橋を離れた。第

続々と補給物資が届くペリリュー島の米軍は、余裕を持って日本軍増援部隊の迎撃に向かう。

三船舶輸送司令部パラオ支部配下の二十四隻の舟艇（大発二十一、小発三）は、乗船する中隊単位で三個艇隊に分けられた。すでに上陸に成功した先発の村堀中尉の第一艇隊に続く第二艇隊には、飯田大隊長の指揮する大隊本部、砲兵中隊など百四十七名が乗船した。

艇隊は先遣隊とほぼ同じコースを進んだ。障害は何もなかった。ところが鯨島を過ぎて三ツ子島にさしかかったころから米軍の照明弾がひんぱんに打ち上がり、海上は真昼のように照らされだした。折からペリリュー島周辺は干潮にさしかかっていた。加えて夜の操舵のため、ガラカシュール島の西方で七隻の舟艇が座礁するという最悪の状態に陥った。ペリリュー島までは、まだ二キロ以上もある。実は米軍は昨夜の先遣隊の上陸を知って以来、このガラカシュール島周辺に五隻の駆逐艇や舟艇を配備して、日本軍の後続部隊の到着を待ち構えていたのである。

日本軍の離礁作業ははかどらず、満潮を待たない以上不可能な状態だった。危機は一刻を争うまでに迫っていた。ここで飯田大隊長は舟艇を降り、徒渉でペリリュー島に上陸することを決意、全舟艇に命令を下した。干潮で水位が下がっているとはいえ、完全軍装で胸までつかる海中での行動は思うにまかせない。ガラカシュール島方面から、この海中で苦闘している日本軍に砲弾の雨が降りそそぎはじめたのは、まもなくであった。

次々海中に消える逆上陸隊員

飯田義栄少佐を隊長とする逆上陸部隊八百四十名と輸送艇隊、護衛中隊二百五十二名中、前日に上陸成功している村堀利栄中尉指揮の先遣隊二百十五名を除く六百三十数名は米軍の集中砲火の中、照明弾に照らし出された真夜中の海中をかろうじて逃れ、ある者はペリリュー島北岸に、ある者は隣のガドブス、コンガウル、そしてガラカシュール島へとたどり着いた。

飯田少佐以下の大隊本部（約百名）が最初に上陸したのはガドブス島であった。少佐は黒い島影の中に連続する機関銃の閃光を見て〈ペリリューだ〉と判断、その敵の機銃を目指して部下を率いたのだった。

食糧から弾丸まで、限界を超して身につけた完全軍装の歩兵たちにとって、ところによっては二メートルを超す海中徒渉は、まさに死の海であった。海上からは艦砲が、陸影からはさまざまな砲撃が絶え間なく襲いかかり、海面に水柱を上げるたびに仲間の兵たちは飛び散り、爆風が兵たちを横倒しに海面にたたきつける。そして重い軍装は容易に兵たちを海面に出さなかった。兵たちは次第次第に銃を捨て、弾帯をはずし、重い背嚢《はいのう》を海中に手離し、ただひたすら目前の黒い島影を目指して泳ぎ、そして歩いた。だが、島に近づくにしたがって米軍の重機関銃はますます激しさを増し、死傷者はふえていった。

一方、歩兵たち戦闘員が徒渉でペリリ

日本軍の米や缶詰を発見して「こりゃあ黄金のようだ」と喜ぶジェームズ・O・ハーマン海兵隊員。米袋には「昭和17年2月、横須賀軍需部」の字が読める。

ュー島に向かった後も、金子中尉指揮の海上輸送隊第二艇隊員は座礁した舟艇の離礁作業を続けていた。だが、干潮の海はかたくなに離礁を拒否していた。そして止むことのない米軍の艦砲射撃は、作業中の隊員の周りにも次々落下し、すでに一番艇の大発は直撃弾を受けて兵もろとも飛び散っていた。さらに別の一弾は離礁作業を指揮する金子中尉の近くに落下、中尉は七名の部下とともに海中に消えた。結局、七隻の大発と小発で編成された第二艇隊で、どうにかペリリュー島北岸に着岸できたのは二隻だけだった。撃沈された大発の中には、戦っているペリリュー地区隊に補給すべき弾薬や地雷を満載した艇もあったが、直撃弾を受けて轟音とともに消え去っていた。

第二艇隊よりも遅れて出発した第三艇隊も次々座礁し、米軍の砲撃下で徒渉上陸を余儀なくされていた。桑原甚平中尉を隊長とする第六中隊員を乗せたこの第三艇隊のなかで、艇とともにガルコル波止場に着岸できたのは二隻だけで、他の艇はことごとく米軍の砲撃によって沈められてしまった。二百二十三名の中隊員のうち、ペリリュー上陸後に桑原中尉が掌握した隊員は約百名に過ぎなかった。そして、この第六中隊はその後大隊主力と連絡をとることができず、北地区隊主力の独歩第三百四十六大隊の生存兵と合流、同大隊長引野通広少佐の指揮下に入ったのだった。

ガドブス島にたどり着いた飯田少佐ら大隊本部員を中心とする第二艇隊の生存兵は、そこがペリリュー島でないことを知るやただちに同島を離れ、再び海上徒

ペリリュー島北地区の浜街道と裏街道が合流する三叉路近くの井戸を防護壁に、愛犬とともに日本軍増援部隊を待ち伏せする海兵隊員。

たたき壊された日本軍のブロックハウスの跡を通って、北端のガルコル波止場を目指す海兵隊員。

渉に移った。もちろん米軍の攻撃は激しかったが、上陸は成功した。

飯田少佐は上陸できた逆上陸部隊員を集め、ペリリュー守備隊の主力がいるであろう島の中央山岳地帯に向かって南進を開始した。このとき少佐が掌握した兵員は約五百名であったが、南進開始後まもなく、第二砲兵中隊の生き残り兵約百名は米軍戦車隊と遭遇し、全滅に近い損害を受けたため、先の村堀中尉指揮下の先遣隊を含めても、その数は四百名に満たなかった。敵前逆上陸作戦は実に五〇パーセント近い損害を出したのである。

その上、かろうじて生き残り、上陸できた将兵の大半も食糧、武器、弾薬を失っており、もはや戦闘部隊としての機能はなかった。敵前逆上陸作戦は失敗に帰したのである。

アンガウル島守備隊の玉砕

第59連隊第1大隊、33日間の徹底抗戦

後藤大隊、十八対一の迎撃戦

ペリリュー島上陸作戦開始二日後の九月十七日、ポール・J・ミュウラー少将率いる第八十一歩兵師団は、その圧倒的兵力でアンガウル島の日本軍守備隊に攻撃を仕掛けた。ミュウラー少将がアンガウル島上陸作戦に用いた兵力は二万一千名を超えた。支援の艦砲群は戦艦一、重巡二、軽巡二、そして五隻以上の駆逐艦も参加するという強大なもので、加えて延べ一千六百機という航空機が空から爆弾の雨を降らせた。

対する日本軍守備隊は、第十四師団麾下の歩兵第五十九連隊（宇都宮）第一大隊（大隊長・後藤丑雄少佐）を主力とした総兵力約一千二百名足らず。支援の艦船、航空機は一隻、一機もなかった。小銃と機関銃類を除けば、日本軍守備隊が持っていた武器といえば野砲と中迫撃砲がそれぞれ四門だけだった。まさに全滅を前提の迎撃戦だった。陸上の兵力だけをとっても、実に十八対一という絶望的な戦いであった。

燐鉱石の採掘で知られたアンガウル島は、パラオ諸島の最南端にあり、ペリリュー島からは十一キロの距離にある。南北約四キロ、東西約三キロ、総面積が約十二平方キロというペリリュー島よりもさらに小さな島である。

島の中央西海岸寄りに南洋拓殖株式会社経営の燐鉱石工場があり、この工場を起点に六〜七本の燐鉱石運搬用軌道が周囲に延びている。従業員や島の住民が住むサイパン村は、工場に隣接したアンガウル港沿いに拓《ひら》けていた。

米軍が上陸する一年前の昭和十八年六月末の調査によれば、同島には二千六百十八名の住民がいた。内訳は日本人が一千三百二十五名、朝鮮人五百三十九名、島民七百五十四名で、朝鮮人の大半は燐鉱石採掘のために徴用されてきた人たちだった。

日本軍は当初、主戦場はあくまでも飛行場のあるペリリュー島とバベルダオブ島（パラオ本島）であろうと予想していた。そのためアンガウル島の戦闘計画は、米軍の上陸が予想される「ペリリュー島作戦を容易ならしめる」ものであり、「ペリリューに上陸する敵を牽制擾乱《けんせいじょうらん》すると共に、敵がアンガウル島に上陸を企図する場合は、主力をもって南地区、一部をもって北地区の戦闘に協同する」（第十四師電報綴「アンガウル地区隊戦闘計画大要」）というものであった。よもやアンガウル島には米軍は上陸すまいという判断だったのである。

アンガウル島に上陸した米軍は、戦闘開始と同時に飛行場建設にも着手し、同島の基地化を急いだ。

しかし、米軍はアンガウル島を飛行場適地と判断した。米軍は同島を占領するやただちに島の北東部に飛行場の建設にかかったほどだった。その場所は日本軍が飛行場建設を予定していた場所にほかならない。日本軍は一千二百メートルの滑走路を二本持つ飛行場を南部に一つ、同距離一本の飛行場を北東部に作る予定であったが、硬質の珊瑚石灰岩のために未着工のままだったのである。

米軍が日本軍の飛行場建設予定を事前に察知していたかどうかは定かではない。だが、米機動部隊は七月末を皮切りにパラオ本島、ペリリュー島への空爆を行うとともに、アンガウル島に対しても反復銃爆撃を開始している。

アンガウル島の日本軍守備隊は、八月二十八日に同島在住の民間日本人と島の住民（主に老人婦女子）のパラオ本島への最後の引き揚げを行った。しかし、徴用

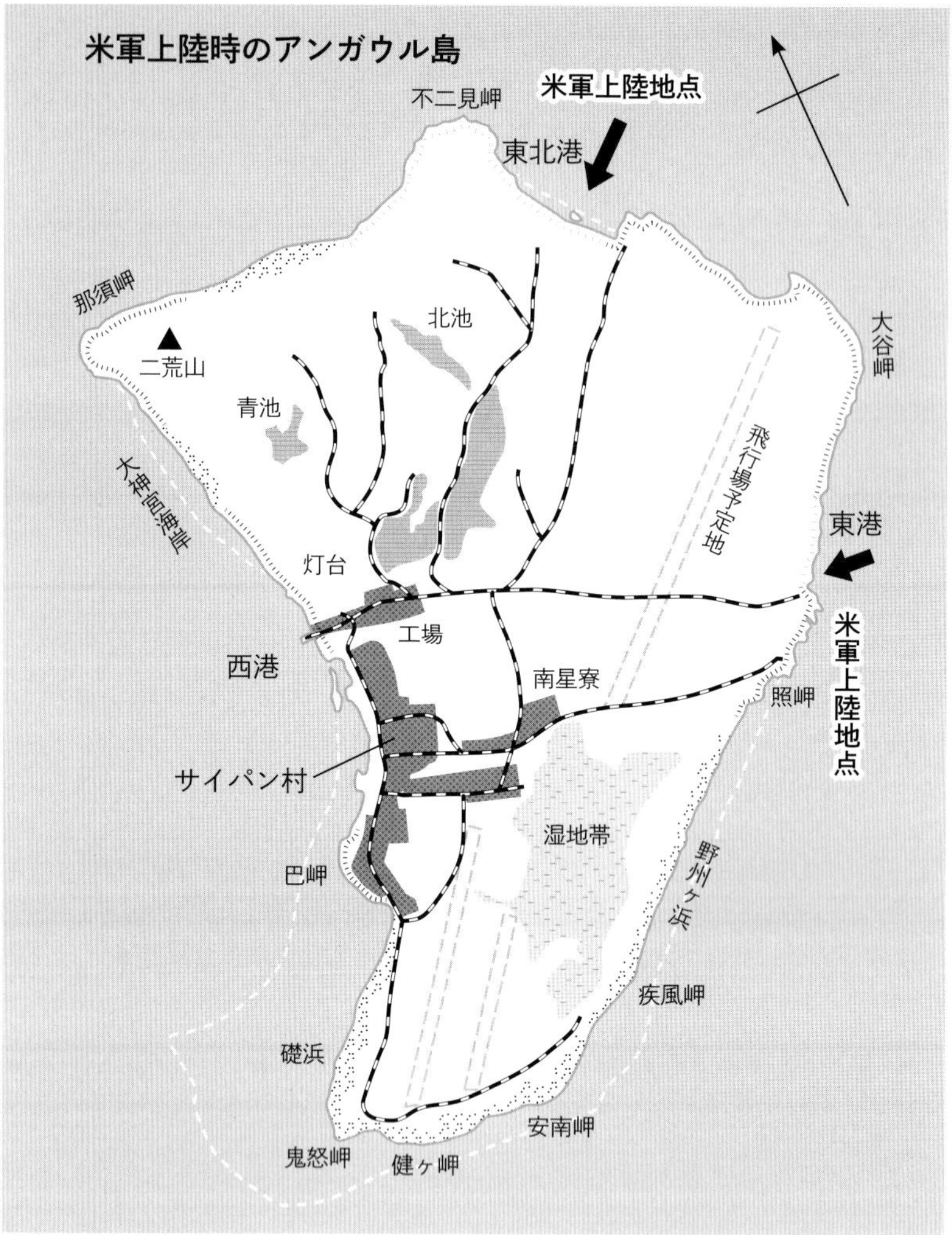

してきた朝鮮人労働者と、住民の中の青壮年男子は軍夫として日本軍への協力を強いられた。島の住民で軍夫にされたのは約百八十名である。

また、一般住民の中で島に居残った人たちもいる。八月末以降、米軍の空爆は激しく、周囲の海には潜水艦が徘徊《はいかい》していたから、パラオ本島への疎開が危険になったこともある。なかには家族ぐるみ残った人たちもおり、珊瑚の洞窟の中で戦火をしのがなければならなかった。

圧倒する米軍の物量戦

米軍がアンガウル島への上陸作戦を開始した九月十七日の午前五時半、沖合に停泊中の十数隻の艦艇の砲が一斉に火を吹き、島の東部の東港正面と東北港正面に向かって上陸用部隊が殺到してきた。そして、水陸両用戦車を先頭にした第一陣が東港と東北港にたどり着いたのは午前八時半過ぎであった。

このとき東港正面で上陸する米軍を迎撃したのは、歩兵第五十九連隊第一大隊第三中隊（中隊長・島武中尉）百六十五名と配属の工兵第一小隊（小隊長・星野善次郎少尉）五十一名であった。そして、東

米軍の砲爆撃で無残な姿になったアンガウル島の燐酸肥料工場。

アンガウル島の燐鉱工場の近くにあったアンガウル神社。戦闘中は米第81師団第7対空大隊が占拠していた。

北港の米軍と対峙したのは同第二中隊（中隊長・佐藤光吉中尉）基幹の二個小隊であったが、戦力の差は歴然で、米軍はたちまちのうちに橋頭堡を築いてしまった。

　アンガウル地区隊長の後藤少佐は、上陸した米兵力は約二千名と判断、混乱した戦線を立て直して夜襲で撃退することにした。そして東港正面の米軍には島中尉が率いる第三中隊基幹があたり、東北港方面は佐藤中尉の第二中隊基幹があたった。東港の第三中隊は野砲、迫撃砲、さらに擲弾筒《てきだんとう》の支援を得て米軍に内攻、明け方の五時過ぎにいったん米軍を海岸近くまで押し戻すことに成功した。

　だが、米軍はたちどころに中戦車と水陸両用戦車十数輌を動員、艦載機の銃爆撃も加えて反撃に転じてきた。第三中隊は空中から文字どおりの集中攻撃を浴び、島中隊長は戦死、残余の兵も午前十時ご

アンガウルの戦闘開始と同時に米軍は飛行場建設を急ピッチで進め、ペリリュー島攻略の最前線航空基地にした。

ろまでには大部分が斃《たお》れ、中隊は全滅したのだった。

一方、島中尉率いる第三中隊の反撃を受けた米軍は歩兵第三百二十一連隊第一大隊B中隊だったが、こちらも死傷者が続出していた。大隊長をはじめ、大隊幕僚も大半が負傷して後送され、同中隊は連隊予備のG中隊と交代しなければならなかった。しかし、二万一千余の兵力を持つ米第八十一師団は後続部隊を次々と上陸させ、一挙に日本軍守備隊の殲滅《せんめつ》戦に出ていた。艦砲と空爆に支援されながら、一個大隊の戦車隊（中戦車五十輌）と二個連隊の歩兵部隊は、東北港と東港の双方から燐鉱鉄道の軌道沿いに攻撃前進し、アンガウルの中心部であるサイパン村に向かった。そして、上陸三日目の九月十九日早朝にはサイパン村に突入、占領に成功した。

対する日本軍守備隊は、米軍の物量に

アンガウル島占領直後、西部太平洋任務部隊（第３艦隊）司令官のウイリアム・Ｆ・ハルゼー海軍大将（右端）を迎える第81師団長ポール・Ｊ・ミュウラー陸軍少将（中央）。

ものをいわせた凄まじい攻撃に、日中の行動はほとんど封じられてしまった。そこで後藤少佐は、かねてからの予定にしたがい、島の北西山地の鍾乳洞を利用して作った複郭陣地内に部隊主力を転進させ、攻撃は小部隊による肉攻斬り込み戦に切りかえた。だが、兵力と火砲においてはるかに圧倒する米軍は、その鍾乳洞の複郭陣地にも接近、火炎放射器をともなった攻撃を繰り返してきた。日本軍守備隊はじりじりとその数を減じていた。十九日夕刻ごろには千二百余名の日本軍は半数近くに減っていた。

飢餓と屍に覆われた孤島の最期

アンガウル島の歩兵第五十九連隊第一大隊は、翌月の十月十九日夜、生存者百三十名を集結、最後の夜襲を決行して後藤大隊長以下全員玉砕する。

だが、それまでの三十三日間の戦闘は、

戦線は大勢が決した。すっかり余裕を持った米軍兵士たちは故郷の家族に手紙を送り始めた。

ペリリュー島守備隊と同じく、決して無益なバンザイ突撃などは行わず、一人一人の命を米兵一人一人と引き替えていったのだった。食糧も弾薬も補給は望めなかったから、いずれは死が訪れる。しかし、それまでは戦う——死よりも苦しい持久戦が、いかに苛酷なものであったかは、米軍に帰順投降した現地住民の軍夫たちの状態がなによりも物語っている。

米陸軍戦史『フィリピンへの接近』によれば、アンガウル島の米軍は戦況が決した九月二十四日以降、日本兵に投降勧告放送を始めていた。そこで「青池北西方（二荒山）鍾乳洞に退避集結中の現地島民は同日二名、十月一日三名、同八日八十七名、九日九十名、合計百八十六名が米軍に帰順投降した。そのうち約百五十名は糧食、飲料、水欠乏のため栄養失調であった」（戦史叢書）という。

戦闘員の日本兵が、これら軍夫の住民より食糧状態がよかったとは思えない。おそらく疲労と栄養失調によって、銃を手に持つのもやっとであったろう。

筆者は昭和四十七年（一九七二）三月、遺族と生還兵によるペリリュー島の遺骨収集団に同行、ジャングルや洞窟内の遺骨を拾い集めていたとき、垂直に伸びた木の幹に蔦でからまれている人骨を発見した。最初はどうして人骨が木の幹にからまっているのか理解できなかった。

「これはきっと、負傷か疲労しきった兵隊が、木に寄りかかっていて、そのまま死んでしまったんじゃないか」

生還兵だったかご遺族であったかは記

爆撃で破壊された日本軍の施設を利用して開設された〝郵便局〟で、故郷からの便りを受け取る米兵たち（10月3日）。

アンガウル島戦で戦死した日本兵から奪った戦利品の日の丸を自慢気に見せびらかす米兵（10月3日）。

憶にないが、誰かがそう説明してくれた。夫をペリリューで亡くした収集団員の夫人たちが、流れる涙をぬぐおうともせず、蔦から骨をはずすのを手伝ってくれた。

　アンガウル島の守備隊員の中にも、あるいは同じような最期を迎えた兵たちがいたに違いない——私にはそう思えてならない。

　このアンガウル島から生還した日本兵は、日本側資料によれば五十名、米陸軍戦史では「捕虜五十九名」とあるが、その大半は戦闘中に意識不明となり、米軍側に救出された人たちであった。他は全員戦死である。対する米軍の戦死者は二百六十名と記録されているが、戦傷は日本軍守備隊の総数を上回る千三百五十四名を数えている。この数字は海上からの事前砲撃と、艦載機による空爆の規模から推してみても、米軍側にしてみれば信じがたいものであったに相違ない。

米従軍記者のアンガウル戦レポート

海岸に釘付けにされる米上陸部隊

（昭和19年10月8日付朝日新聞記事より）

全砲門で撃ち込む

巨大な戦艦の陰から明るいオレンジ色の閃光が飛び出した。全砲門を開いてアンガウル島に弾丸を撃ち込んだ巡洋艦や戦車は、今は驚くほど岸近くに迫っている。我々はこの島が五インチか、あるいはもう少し大型の弾丸一万二千発を撃ち込めば攻略できるということを聞かされていた。今、それを目前に見ている。

艦砲が黄色の環煙を吐き、火焔が飛び出ると岸の後方に真っ黒な煙が濛々《もうもう》と上がる。するとほかの艦艇は所定の位置に前進する。やがて上陸用艦艇が巨大な口を開けると、水陸両用の装甲自動車、戦車などが若駒のように飛び出してきた。

見渡すかぎりの海原には我が軍の艦艇が浮かび、一方、上空には直協機が下舵をとったり、円を描いたり、あるいは艦砲に代わって発砲したりしているのが見られる。時間が経つとともに艦砲の援護射撃はますます凄烈さを増した。その震動は不気味さを呼ぶ。非常に若い赤褐色の髪を持つ一海軍少尉が岸に向かって出発するとき、「自分があの島を守る日本兵だったら、今までに腰を抜かさなかったとしても、今度は腰を抜かすだろう」とつぶやいた。

足が遅い両用戦車

突如、艦砲射撃が止むと、爆撃が開始された。アベンジャー雷撃機が低空で唸ると、爆撃の糸が機の胴腹から引かれるのが見える。爆弾は目標物に沿って太った黒い松茸のような模様を描き出す。するとヘルキャット戦闘機が舞い下り、大気を裂いて機関砲をぶっ放していく。

そして飛行機が去ってしまうと、今度は艦艇が岸辺に近寄り、破壊砲火を浴びせた。やがて水陸両用装甲車が、水陸両用戦車の先鋒部隊のすぐ前方左側をおもむろに動きだした。これらの装甲車は、二流映画のギャングもどきに発砲している。ロケット砲弾はこれらの装甲車から間断なく飛び出し、岸辺一帯で砲撃している。唸りをあげて飛び出す巨大なロケット弾は海岸を焼きつくし、草木をむしりとっている。

我々は、いよいよ日本軍陣地の防禦線に突入していった。日本軍の砲弾は海面一帯に炸裂し、水煙を上げ、彼我の砲火の爆裂はまるで異常な花火大会みたいであった。機関銃のあわただしい音が響き出した。水陸両用装甲自動車が猛烈に撃ちだしたのだ。二門の〇・五インチ口径

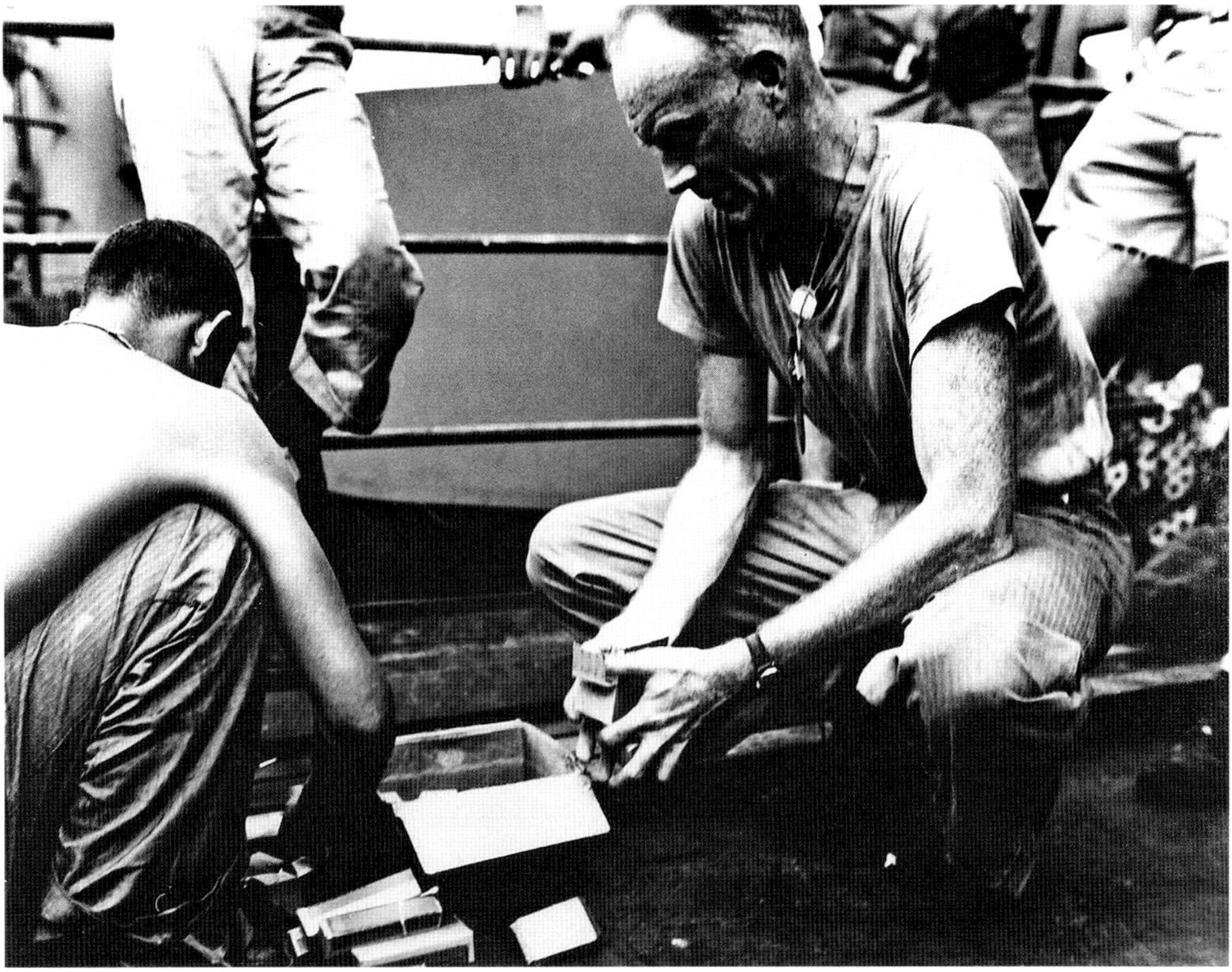

パラオ戦参加に先立ち、弾薬の補給を受ける海兵隊従軍記者フィナン軍曹。

の機関砲が突然頭上で鳴りだすと、危うく押し倒されそうになった。我々は岸に二百ヤードくらいのところまで迫った。断崖の水辺にはたくさんの石灰岩の洞穴があり、日本兵はそこから狙撃していた。水陸両用戦車はいよいよ最後の百ヤードまで迫ったが、その速度は全く阿呆みたいにのろかった。

「抵抗のない上陸戦」だったというが

しかし、上陸作戦は数週間、あるいは数カ月前に計画された予定時刻よりわずかに遅れて決行された。鉄製の海亀みたいに戦車群は一つの岸辺に這い上がっていった。装甲自動車が続いて上り、さらに続いて歩兵を満載した上陸用舟艇が到着した。歩兵は上陸すると、すぐさま崖の頂上に並ぶ打ち砕かれた木々の陰に隠れんものとよじ登っていった。

日本軍の迫撃砲は海岸一帯に炸裂した。

戦闘部隊とともに常に最前線を駆け回り、記事を送り続ける海兵隊特派記者のジョセフ・ドナヒュー軍曹。

援護艦隊の艦砲射撃はもはや島内深く撃ち込む斉射に変わっていたので、海軍戦闘機の編隊がこれに代わって密林の陰に潜む日本兵を掃射したり、迫撃砲陣地を攻撃した。

突然、海岸一帯が静寂にかえった。海岸のずっと左寄りから、ジャングル戦用のあの青や淡褐色の木の葉が入り混った擬装服の一隊が現れた。そのとき咳き込むような機関銃の音が聞えた。傍らの米兵二人が、日本軍の弾丸に穴をあけられ、浜辺に落ちていった。

米軍は岸の崖にとりついたものの、釘付けにされたままで一歩も前進できない。業を煮やしたのか一台の水陸両用戦車が三十ヤードばかり進み出て日本軍の特火点に砲火を浴びせると、この戦車を遮蔽物に左の石灰色の崖から一隊の米兵が這い出てきて、洞穴の日本狙撃兵を攻撃しだした。すぐに海上の舟艇からもう一つの穴にも日本兵がいるという報告がある。一隻の舟艇が進み寄ると、若い水兵がトミー機銃を持って穴の中に三回撃ち込んだ。

「もう大丈夫だ。これで狙撃兵ももう死んだに違いない、大丈夫だよ」

アンガウル島の海岸に物資を運んできた上陸用船艇（1944年9月25日）。

と得意になったが、何が大丈夫なものか、我々の左方にいる舟艇上の若い中尉はたちまちやられてしまった。まっすぐ棒立ちになったかと思うと、体から血を吹いていた。ある兵は、やられた足を引きずりながら苦悩を浮かべて水辺によろめいていた。軍医も腕を機銃でやられ、「せっかく二年間も腕を磨いてきたのに」と運命を罵《ののし》りながら後送されていった。

海浜の木株には、若い米兵が横たわっていた。この米兵は両眼の間を真向こうから撃たれていた。わが公式報告には、アンガウル上陸は何ら抵抗なしで行われたと述べている。軍人的感覚からはそうかもしれぬ。しかし、わが軍が海岸にとっつくやいなや「何等の抵抗ない」どころか、凄惨な戦いが始まったのだ。

（昭和十九年十月八日付『朝日新聞』に掲載された米従軍記者のレポートを著者が抜粋、現代文に改めたものです。）

北地区隊の最期と米軍の「ペリリュー島占領」声明

1944年9月27日午前8時

配下の第5海兵師団司令部（日本軍の通信所だった建物）から出てくるウイリアム・H・ルパータス少将（中央）とH・D・ハリス大佐（右端）。

水戸山の巨大洞窟陣地の終焉

アンガウル島攻略軍の米陸軍第八十一師団のミュウラー少将は、ペリリューのルパータス第一海兵師団長からの応援要請に対し歩兵第三百二十一連隊を派遣した。同連隊はペリリュー飛行場南西の海岸〝オレンジビーチ〟に上陸、ただちに海岸線を北上した。そして既記のごとく、ガリキヨク南部のツツジ陣地で必死の抵抗を繰り広げる日本の独立歩兵第三百四十六大隊第二中隊を撃破、日本軍の北地区隊主力がいる水戸山を目指して部隊を進めた。

ツツジ陣地を失った北地区隊長の引野通広少佐は、一部を中の台に送って態勢の立て直しをはかったが、米軍の新たな増援部隊に抗する術はなく、九月二十六日の夕刻、中の台の守備隊は全滅し、いよいよ水戸山の前面に米軍の大軍を迎えていた。

引野少佐を隊長とする北地区隊には、独歩第三百四十六大隊のほかに、ガドブス島の守備に当たっていた歩兵第二連隊第三中隊も転進して合流しており、逆上陸部隊の一部もその指揮下に入っていた。だが、傷ついた海兵連隊と交代した新着の米陸軍は、火炎放射装甲車を交えた七輌の水陸両用戦車を先頭に、海抜五十メートルの水戸山を東西から包囲しつつあった。

やがて北端のガルコル波止場も、無線

米軍の砲爆撃で緑が消え失せたペリリュー島の山岳地帯を北上、水戸山の日本軍洞窟陣地攻撃に向かう米軍部隊。

電信所も米軍の手に陥《お》ち、北地区隊と中川大佐の司令部との地上連絡は遮断され、北地区隊は孤立状態に陥ってしまった。そこで引野少佐は電信所を攻略した米軍に対し、三方向からの一斉斬り込みを命じたが、火力に優る米軍の前に失敗、隊員の大半は還らなかった。

　九月二十七日、北地区の日本軍守備隊に残されたのは水戸山の地下洞窟陣地だけとなっていた。この洞窟陣地は広大なもので、内部は文字どおり迷路のように縦横無尽に坑道が走り、火炎放射器の直射攻撃をも完璧に遮断できるように造られていた。

　そもそもはガドブス飛行場の建設作業員である海軍第二百十四設営隊（海軍第三隊道隊を中心として、民間の鉱山、炭鉱作業員で構成）の防空壕として造られたもので、トンネル式の内部は堅牢で、収容人員は数千名にも及んだといわれる。北

現在は「千人洞窟」と呼ばれてペリリュー島観光の目玉のひとつになっている水戸山の洞窟陣地跡。

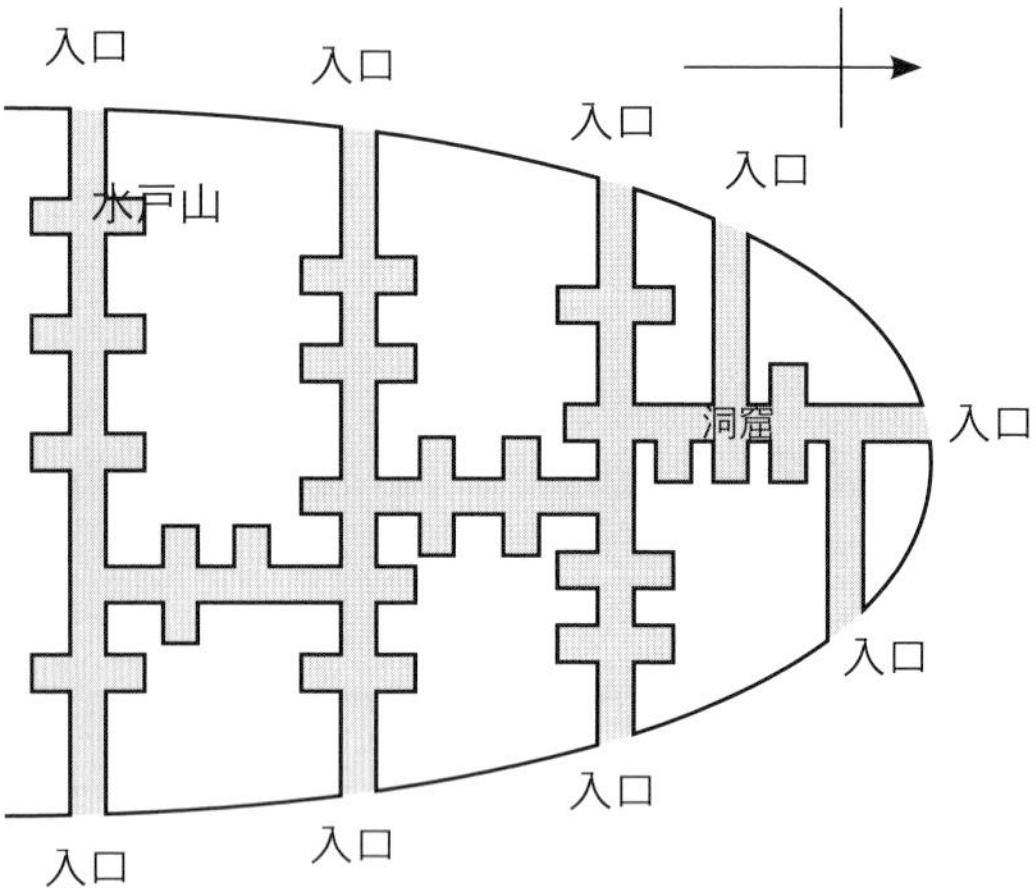

水戸山の地下洞窟陣地（平面図）

水戸山の洞窟陣地に今も残る将兵たちの身の回り品。

地区隊はこの洞窟陣地を唯一の拠点にして、再三再四、斬り込み攻撃を敢行した。しかし、肉攻斬り込みはそのたびに米軍の海陸からの集中砲火を招き、洞窟内は次第しだいに負傷者で充満していった。

北地区隊の全域にいたる詳細は不明だが、その組織的戦闘が終わったのは九月三十日から十月初めとされている。資料の中には、数名の兵士が昭和二十年二月ごろまで洞窟内で生きていたと記しているものもある。ともあれ、この北地区の日本軍守備隊が終焉を迎えようとしていた九月二十七日早朝、米軍は上陸以来十二日目にしてペリリュー飛行場で星条旗の掲揚式を行い、「ペリリュー島占領」を声明した。もちろん戦闘はこれからも続くのだが、上陸前「三日間で作戦は終了する」と豪語した手前、司令官のルパータス少将としては早目に占領宣言をしなければならなかったのかもしれない。

新鋭の火炎放射器を搭載した水陸両用戦車を先頭に、水戸山の日本軍洞窟陣地に一歩一歩近づく米軍。

ほんの数日前までは日米将兵の血で洗われていた飛行場も、いまや後方基地化していた。兵たちは思い思いのマイホームを造り、酷暑を避ける工夫に余念がない。

第3章　見えざる敵との戦い

日米最後の死闘開始！

フィリピン攻防の重要基地

昭和十九年（一九四四）十月から十一月にかけての太平洋地域の戦況は、日本軍にとってはペリリュー島に象徴されるように、敗北への道を決定づけた時期である。

九月二十四日にアドミラルティーの基地を出たミッチャー中将指揮の米第三艦隊第三十八高速空母機動部隊（空母七、戦艦六、巡洋艦十三、駆逐艦五十八隻を基幹の四個群）の一個群は、それまでペリリュー作戦を支援していたが、戦局の見通しがついた十月五日、ペリリュー沖を出発した。台湾、フィリピン攻略のためマリアナ諸島西方海上で待機している他の三個群に合流するためである。

そして十月十日、同機動部隊は延べ千四百機の艦載機を動員して、沖縄に初空襲を行い、十二日から十四日にかけては台湾空襲に移った。繰り出された艦載機は延べ約二千五百機という莫大な数であった。「台湾沖航空戦」と日本側が呼んだこの作戦で、日本軍は航空機五百機、船舶数十隻をはじめ、飛行場施設などに大損害を受けたのであった。

米軍の沖縄、台湾攻撃は、明らかにマッカーサー大将率いる南西太平洋軍によるフィリピン奪還作戦の一環であるレイテ島上陸の支援作戦であった。だが、未熟な搭乗員たちからの過大な戦果報告を鵜呑みにした日本の大本営は、米軍の空襲は威力偵察の一環だろうと判断した。

防衛庁戦史室編纂の戦史叢書は書いている。

「次期比島決戦のための外郭要地に対する威力偵察、又はわが基地航空兵力の消耗並びに本土と南方（比島）との補給路遮断と判断されるが、この一戦における敵側の誤算がきたるべき本格的決戦に重大な影響を与えたものと観察していた」

とあるように、フィリピン決戦はまだ先のことと楽観していたのである。ところがマッカーサー指揮の連合軍は、大本営の楽観をみごとに裏切って十月二十日にレイテ島に上陸を開始した。

このレイテ上陸開始五日前の十月十五日、米軍は占領したばかりのアンガウル島に飛行場を整備し、使用しはじめていた。全島の完全占領はまだであったが、ペリリュー飛行場もすでに手中にしている。フィリピン攻略の連合軍は、ここに東方からの日本軍航空機の脅威を取り除くことに成功し、フィリピン奪還作戦は一段と有利にはなった。

フィリピンのレイテ島タクロバンに上陸するマッカーサー元帥と幕僚。

しかし、アンガウル島の日本軍守備隊は玉砕（十月十九日）したが、隣のペリリュー島では依然として日本軍の抵抗は止まない。それどころか日本のペリリュー地区隊長の中川大佐らが組織的戦闘に終止符を打ち、自決するのはさらに一カ月後の十一月二十四日であり、そのときはマッカーサー軍のレイテ奪取はほぼ完了していたから、米軍がペリリュー島奪取に込めた「フィリピン攻略の支援基地」としての役割は担えなかったのである。

それは同時に日本側にもいえることである。大本営が第十四師団基幹のパラオ集団にかけた期待は、フィリピン攻略の米軍をパラオに引きつけ、これを撃破して本土決戦準備の時間稼ぎをすることだった。わかりやすくいえば、ペリリュー島やアンガウル島の守備隊は、本土防衛の〝捨て石〟ということだった。そして、両守備隊はその役割を十二分に果たした。だが大本営作戦参謀らの判断ミスから、「ルソン島決戦」というフィリピン防衛の基本戦略を「レイテ決戦」に変更したため、いたずらに死期（敗北）を早めてしまい、ペリリューやアンガウル守備隊の奮闘を有効に生かせなかったのである。

中央山岳地帯で最後の攻防戦

完全に包囲された日本軍

米軍が「ペリリュー島占領」を宣言した九月二十七日、当時の日本軍守備隊の損害はたしかに大きかった。それは決定的ともいえるもので、島の中央山岳地帯を除いてすべて米軍の手中に陥《お》ちていた。九月二十九日十三時発のペリリュー地区隊司令部から、パラオ集団司令部宛の暗号電文はこう記している。

「北地区トノ連絡　意ノゴトク進《シン》捗《チョク》セザルモ　肉薄攻撃斬り込ミノ強化北正面高地帯地歩ノ拡張陣地　補強部隊ノ整理掌握等一意戦勢ノ発展ニ務メアリ

現有兵力二大隊半（北地区海軍ヲ含ミ約一大隊半）」

「現有兵力二大隊半」という報告から推定すれば、その数は千四百名から千五百名ということになる。実際は負傷兵も相当数いただろうから、戦闘可能な兵はせいぜい千名内外ではなかっただろうか。

この十分の一の戦闘員になってしまった瀕死の日本軍に対して、米軍はアンガウル島から増援の陸軍部隊も含めた約五個大隊をもって包囲網を敷き、さらに海陸から四万発を超す砲撃を浴びせたのち総攻撃を開始した。十月三日夜明けと同時の午前七時三十分であった。この日、パラオ諸島は早朝から雨と風が激しく吹き荒れ、暴風雨圏にすっぽりとつつまれていた。

歩兵第二連隊第二大隊第六中隊の小隊長だった山口永少尉は、当時の模様をこう語る。

「そのころ、我々は天山の洞窟にいた。連隊本部は大山にあったのだが、九月二十五日ごろから連絡はできなくなり、まったくの孤立状態になっていました。本部との連絡は無線でやっていたのだが、使えなくなったんです。無線を発信するとたちまち探知されて、無線機のところにぴたっと砲弾が飛んでくる。それで直

日本軍が水府山、南征山、大山、観測山、天山などと名付けた中央山岳地帯を、米軍は「ファイブ・シスターズ峰」と呼び、それぞれの山に「死人の谷」「自決の丘」「娼婦の丘」といった名前をつけていた。

接伝令を出して連絡をとっていたのですが、二十五日ごろからは大山も天山も包囲されて、行き来ができなくなってしまった。そのとき天山には二百名ぐらいいたが、天山には食糧がない。食糧は各陣地に分散してあったので、夜中にかつての陣地に忍び入って取ってきて、どうにか食いつないでいました。

　高い山だから敵の戦車は来ないが、米軍は周囲に鉄条網を張りめぐらして昼夜の別なく完全に包囲していた。頂上にも敵はいましてねえ、自分らは天山の横っ腹に壕を掘って陣地にしていたのですが、敵は昼になると頂上から壕の攻撃を始める。頂上を占領されていると、下にいる我々はどうしようもないわけです。そこで夜襲をかけて敵を追っぱらうことにし、成功するんですが、日中、頂上に兵隊を待ち伏せさせておくと、たいがい殺《や》られてしまう。敵は数も多いし、山頂だから、

急造の塹壕で小休止をする疲れ切った表情の第７海兵連隊の兵士たち。

破壊された日本軍のバスを楯に、山岳地帯の日本軍洞窟陣地を攻める米軍。

どこからでも攻撃できたからです。それで攻撃はもっぱら夜襲専門に切り替えたのだが、そのうち米軍の方が夜の頂上占領はしなくなってしまった。なんとも変なものでした。昼は米軍、夜は日本軍が頂上を占領するというシーソーゲームを繰り返していたんですから。

こうした戦闘を続けているうちに、兵力はだんだん減っていき、糧秣《りょうまつ》、弾薬も減る一方で手だてがなくなり、これでは天山を守りきることは不可能であるという結論にいたり、本部に合流しようとして脱出を試みた。十一月三日の夜でした。しかし、敵の守りは固く、鉄条網を幾重にも張りめぐらしてあってどうしても突破できない。二晩続けてやったのですが、結局失敗に終わったのです」

一方、大山を中心にした中川大佐指揮下の主力は、まだ南征山、東山、水府山という中央高地を手中にはしていたが、

中央高地の山をよじ登り、日本軍の洞窟陣地に肉薄する米海兵隊員。

連日の戦闘で疲れ切っている海兵たちは、わずかな小休止でもドロのように眠りこけていた。

いかんともしがたい劣勢に追い込まれていた。

総攻撃に移った米軍は強力な砲爆撃の援護のもとに、まず東山の山頂を占領、また別の部隊は北方から水府山を攻撃、十月三日の午後三時過ぎにはその東側丘陵を占領することに成功していた。この水府山東側丘陵地帯と東山の占領によって、米軍は中央高地によって分断されていた南北両部隊が初めて連携することに成功、さらに日本軍守備隊の司令部が置かれている大山に近迫することができたのだった。

ここに至り、中央高地に追いつめられた日本軍は完全に包囲されてしまった。

暴風雨の中の熾烈な火炎放射攻撃

10月中旬、日本軍が確保していたのは大山、南征山などわずかな地区だった。「昼は米軍、夜は日本軍」が確保するという頂上争奪戦が何日か続いた。その頂上を確保すべく、米軍は山頂に75ミリ砲の設置を試みた。

一進一退、血みどろの山岳戦

中央山岳地帯の攻防戦は翌十月四日も続けられた。前日来から吹き荒れている暴風雨は、この日も止まなかった。その嵐の中、一個連隊の米軍は早朝から水府山攻撃を再開、東側丘陵に続いて北東稜線の占領にも成功した。同地区の日本軍は原田良男大尉指揮の歩兵第二連隊第三大隊（第七中隊欠）であったが、同大隊は必死の反撃をこころみ、一時間半後の午後五時ごろから夕方にかけて北東稜線の奪還に成功するという、一進一退の血みどろな闘いを繰り返していた。

この水府山北東稜線の戦いで、米軍のある中隊は実戦力一個小隊に激減するという大損害を被っている。だが、一進一退の攻防戦とはいえ、日本軍にとってこの消耗戦は確実に「全滅」に近づきつつあることを意味していた。

水府山の戦闘はその後も続き、米軍がその大半を占領したのは一週間後の十月十一日であった。その間、米軍は占領したペリリュー飛行場を基地に、「世界でもっとも短い近距離爆撃行」といわれた空爆を開始し、四百五十キロ爆弾を五百発近くも投下するという焦土作戦を展開してきた。

いや、爆撃だけではなく、洞窟に立て籠って抵抗する日本兵には火炎放射攻撃を繰り返し、それでもギブアップしない兵たちには長い鉄管を使って直接洞窟内にガソリンを流し込み、ライフルの発射で点火する焼き殺し攻撃も開始した。この〝バーベキュー作戦〟は洞窟陣地に立て籠る日本兵には効果があり、日本軍陣

ペリリュー飛行場を飛び立ち「ファイブ・シスターズ峰」の日本軍陣地を空爆する米第2海兵飛行大隊のコルセアー戦闘機。

洞窟にこもり、姿を見せない日本兵に対して水陸両用戦車は火炎放射攻撃を加え続けた。

地は一つ一つ壊滅していった。ペリリュー島の山岳地帯に入ると、戦後七十年を経た現在も、なお火炎放射器によって焼かれた真っ黒い洞窟の岩肌を見ることができる。

水府山を米軍に占領された第三大隊は生存兵を集め、十月十一日の夜、奪回作戦を行ったが逆襲は成らなかった。日本軍守備隊に残されたのは、いよいよ島の中央の大山、南征山などほんのわずかな地域になっていた。このとき南北三百メートル、東西百メートルという確保地に生き残っている日本兵は、「総勢千百五十名」と、守備隊はパラオ本島の集団司令部に打電している。

一方、米軍側の現有兵力ははっきりはしないが、海兵隊の公刊戦史によれば、上陸以来の海兵第一師団の損害は大きく、「十月五日までの戦死者千二十七名、戦傷四千三百四名、行方不明二百四十九名、

３週間前までは強烈な赤道直下の陽光さえ通さなかった緑のジャングル地帯も、今や裸の瓦礫の山と化してしまった。しかし、その瓦礫の山の洞窟には、まだ多くの日本兵が姿を隠していた。

合計五千五百八十名に達した」という。ことに第一海兵連隊の損害はひどく、全兵力の五八パーセントにまで及んでいた。

前線の救急所で負傷兵に血漿の輸血をする米救護班。

ペリリュー戦における米軍の死者が1,684名なのに対して、戦傷が7,160名と大幅に多いのは、救援態勢が万全だったからである。負傷した将兵は、写真のようにただちに後送され、手厚い治療を施された。

応急処置を受けた米軍の負傷兵たちはカーチスC46型の病院機に乗せられて、後方の基地病院に運ばれた。米軍死傷者が少ない理由は、これら治療態勢にもあった。

さらに損害は同師団配下の第五、第七連隊にも波及し、ついに第一海兵師団は戦闘集団としての攻撃能力を失い、既記のごとく十月十五日に「山猫部隊」（ワイルド・キャッツ）の愛称を持つ陸軍の第八十一歩兵師団と交替、ペリリュー島を去ったのである。

しかし、千百五十名という全滅寸前の日本軍には、交替兵力も休養もない。食糧とともに武器弾薬も欠乏の極みにあった。十月十三日現在、中川大佐が知り得た日本軍守備隊の装備は次のようであった。（カッコ内は弾薬数）

小銃五百（二万発）、軽機関銃十三、重機関銃六（一万発）、擲弾筒《てきだんとう》十二（百五十発）、速射砲一（三百五十発）、曲射砲三（四十一発）、手榴弾一千三百個、戦車地雷四十、黄色火薬八十キロ、発煙筒八十、その他鹵獲《ろかく》兵器、弾薬中使用できるもの若干。

「サクラ、サクラ」ペリリュー地区隊の玉砕

洞窟に出入りする日本兵にトミー銃を発射する米軍の狙撃兵。

「全員、敵飛行場ニ斬リ込マントス」

十一月に入り、連絡が途絶えている天山の陸海軍部隊を除き、中川州男地区隊長が掌握している将兵は軽傷者を入れた戦闘員が三百五十名、重傷者が約百三十名の五百名たらずだった。確保している地域も大山と観測山の頂上付近のわずかな範囲で、周囲はすべて米軍の占領地城になっていた。

この傷だらけの日本軍に対し、十一月二日早朝から米軍は大掃討戦を展開してきた。約二個連隊の陸軍部隊は砲爆撃の支援のもとに日本軍の最後の拠点、大山と観測山の集中攻撃に出た。そして観測山はこの日に陥《お》ち、大山も項上付近の一部を残して大半が占領されてしまった。

十一月四日からパラオ諸島は台風に見舞われた。米軍上陸以来すでに五十余日、やがて二カ月が過ぎようとしている。将校も下士官も兵も、すべて眼がくぼみ、頬《ほお》は落ち、衣服は見るかげもなく破れ、肌は硝煙と泥でどす黒く汚れに汚れていた。支えているのは精神力だけである。

ようやく台風が去った十一月八日、村井権治郎少将はパラオ本島の井上貞衛集団司令官に作戦緊急電を打った。戦闘が再開されれば守備隊の運命は決まっていたからである。

「地区隊長以下　壕内ニオイテ陣頭指揮ニ徹底シ　将兵ノ士気旺盛ニシテ　全員敵飛行場ニ斬込マントスル状況ナリ…地区隊ハ　既定ノ方針ニ基キ邁進シアリテ固ク天佑神助ヲ信ズルモ……最悪ノ場合ニオイテハ　軍旗ヲ処置シタル後　オオムネ三隊トナリ　全員飛行場ニ斬込ム覚悟ナリ

米軍は日本軍守備隊が最後まで抵抗した大山と観測山に対して、「世界で最も短い近距離爆撃行」を繰り返し行ってきた。

将来ノタメ　集団ニオイテ　地区隊ノ集結ヲ命ズル企図ナキヤ承リタシ」

村井少将の緊急電は明らかに〝玉砕〟への許可要請であった。残された将兵全員によって最後の斬り込みをしたい。それがだめなら、集団本部には残存のペリリュー地区隊将兵を撤収させて、予想されるパラオ本島への米軍の攻撃という「将来ノタメ」の兵力温存という計画はあるのか、それともないのか、それを聞きたいという。とりようによっては強烈なアピールであった。

だが、折り返し届いた井上中将からの返電は「集団斬り込みならず」という「ノー」の答えであった。

「地区隊ノ損害逐次累積シ　弾薬　糧食　飲料水マタ逐日窮迫スル実情察セザルニ非ザルモ　地区隊ガイカホド小兵力トナルモ　軍旗ヲ奉ジテ『ペリリュー』ノ中央ニ厳乎健在アルコトノミニヨリ　イ

カホド我ガ作戦ノ全局ニ敢献シ　全軍ヲ奮起セシメ　一億ノ敢闘精神ヲ鼓舞シ得ルカ　コレ何人モ疑ウノ余地ナシ　スナワチ赤熱ノ闘魂ニ更ニ拍車シ　アクマデ持久ニ徹シ　万策ヲ尽シテ神機到ルヲ待ツベシ　全員斬込ミハ易ク　忍苦健在健闘スルハ難カシカルベキモ　ヨロシク村井少将　中川大佐　心ヲ一ニシ　全戦局ヲ想ウテ　苦難ヲ突破センコトヲ期スベシ」

戦う以外に道はない。しかし、戦うにもいまや武器も弾薬もなかった。

ペリリュー島最後の戦闘

十一月十二日現在、ペリリュー地区隊本部からパラオ集団司令部への暗号電文によれば、日本軍の戦闘可能人員はさらに減少して、軽傷者を含めても三百名に満たなくなっていた。

一方、戦闘の終了に見通しを持った米軍は、攻撃を一層激化させていた。日米両軍の戦いは十メートル、二十メートルという接近戦になっていた。米軍は日本軍が潜むと思われる洞窟の入り口を見つけるや、鉄パイプを突き入れてガソリンを流し込み、火炎放射を放ち、機関銃を据えつけるという徹底した掃討戦を繰り返してきた。

いよいよペリリュー島の日本軍に最期が訪れていた。連夜にわたる斬り込みもすべて不成功に終わり、戦闘人員は減る一方である。米軍上陸以来まる二カ月が経過した十一月十八日現在の戦闘員は、軽傷者を含めてもわずか百五十名にすぎない。一週間で半減したのである。

大山に通じる戦車道を造っている米工兵部隊の姿が眼下に見降ろせる。二十一日にその戦車道も完成した。米軍の動きは急にあわただしさを増している。

十一月二十二日、夜明け間もない午前七時過ぎ、大山の頂上から二十数メートル下の斜面に掘られた日本軍の戦闘指揮所めがけて米軍の攻撃が開始された。その兵力は、なんと二個連隊だった。そして攻撃開始から一時間近くたった八時過ぎごろから、それら米兵は一斉に焼けただれた断崖をよじ登り始めた。斜面にへばりつく米兵の先頭グループと、洞窟に潜む日本兵の距離はほんの数メートルしかない。

日本兵は這い上がってくる米兵に小銃の狙い撃ちで対抗した。連射するほど小銃弾がなかったからである。接近戦で威力を発揮する手榴弾は、すでに二日前から一発もなくなっていた。米軍上陸以来、欠かすことなくパラオ本島の集団司令部に戦況報告を打ち続けてきた無電も、いよいよ電池が残り少なくなってきた。

中川大佐は米軍が攻撃を開始した直後の午前七時四十分、集団司令部に「至急

日本軍の洞窟陣地の入り口に照準を合わせて、日本兵が姿を現すのをじっと待ち続ける米軍の狙撃兵。

電報」を発信した。玉砕報告の手順を知らせる暗号電文であった。

一、通信断絶ノ顧慮大トナレルヲ以ッテ

最期ノ電文ハ左ノ如クイタシタク　承知相成りタシ

一、軍旗ヲ完全ニ処置シタテマツレリ

一、機密書類ハ異状ナク処理セリ

右ノ場合「サクラ」ヲ連送スルニツキ報告相成リタシ

だが、二十二日も、翌二十三日も「サクラ」は発せられなかった。大山の洞窟陣地の日本軍は二個連隊の米軍を相手に抵抗を続けており、集団司令部には「サクラ」の代わりに戦闘情報が送られてきた。十一月二十四日午前十時三十分発の集団参謀長宛電文はこう叫んでいる。

「敵ハ二十二日来　我主陣地中枢ニ侵入

昨二十三日　各陣地ニオイテ戦闘シツツアリ　本二十四日以降　特ニ状況切迫

昭和47年3月の遺骨収集の際、大山のペリリュー地区隊司令部壕で見つけた日本兵の遺骨。遺骨収集団のご遺族が線香とろうそくを手向けた。

陣地保持ハ困難ニ至ル
地区隊現有兵力　健在者約五十名　重軽傷者七十名　計約百二十名
兵器小銃ノミ　同弾薬的二十発　手榴弾残数糧秣オオムネ二十日ヲモッテ欠乏シアリ　地区隊ハ本二十四日以降統一アル戦闘ヲ打切リ　残ル健在者的五十名ヲモッテ遊撃戦闘ニ移行　アクマデ持久ニ徹シ　米奴撃滅ニ邁進セシム　重軽傷者中　戦闘行動不能ナルモノハ自決セシム
戦闘行動可能者約四十名ハ目下戦闘中ニシテ　依然主陣地ノ一部ヲ死守セシム
将兵一同聖寿ノ万歳ヲ三唱　皇運ノ弥栄ヲ祈願シ奉リ　集団ノマスマスノ発展ヲ祈ル」

発信された「サクラ、サクラ」

この日、十一月二十四日も、夜明けとともに始まった米軍の戦車と火焔攻撃を交えた掃討戦は熾烈をきわめていた。しかし、もはや日本軍には応戦する武器も弾薬もなかった。中川大佐は訣別電の発信に先だって、午前八時五十分にパラオ集団司令部の多田督知参謀長宛に次のような電文を送っている。

「戦況特ニ逼迫ス　作戦緊急特別通信アルヲモッテ　本二十四日毎時待受ケトセラレタシ　通信隊長ニモ伝エラレタシ」

そして、待ち受ける集団司令部の通信室に「サクラ、サクラ」の暗号電文が連送されてきたのは、この日、昭和十九年十一月二十四日十六時であった。玉砕である。ペリリュー地区隊長中川州男大佐（歩兵第二連隊長、死後二階級特進で中将）と、第十四師団派遣幕僚の村井権治郎少将の両指揮官が大山山頂に近い洞窟陣地で自決したのは二十四日の夜であった。

中川大佐、村井少将の自決に続いて、重傷の兵たちの自決が続いた。何人の重傷兵が自決したのか正確な資料はないが、先の訣別の電文に「健在者約五十名　重軽傷者七十名」とあり、中川、村井両指揮官の自決後、歩兵第二連隊副官の根本甲子郎大尉を隊長とする遊撃隊が編成され、最後の一斉斬り込みを行うのだが、その人員が「根本大尉以下五十六名」とあるところから推測すれば、六十名前後の重傷者が指揮官の後を追ったと思われる。

まるで花火大会のような中央山岳地帯の夜間戦闘。中央の白い流線は夜間に打ち上げられた照明弾の群れ。地平と右端を斜めに走る条線は曳光弾。また下方を平行に横切る白線は移動する自動車のヘッドライト。流れるような白い曲線は、映画を観に行く兵たちが懐中電灯を振りながら野外映画場に向かうところだ。写真の右端に四角い映写幕が見られる。

中川大佐や村井少将、重傷者らが次々と洞窟内で自決したあと、根本大尉を隊長とする遊撃隊は、「十八時ヨリ遊撃戦ニ移行ス」との電報を集団司令部に打ち、一組三、四名ずつの十七組に分かれて薄暮の洞窟陣地を出発した。

米軍側も、この日本軍の最後のキリコミを予想してか、終夜照明弾を打ち上げ、真っ黒い瓦礫の山と化しているペリリュー島をゆらゆらと照らし続けた。

遊撃隊員のその後の行動を知る記録はないが、大半は出撃直後に戦死したとみられる。かくしてペリリュー島の死闘は終わった。攻める米陸軍第三百二十三連隊長ワトソン大佐が、所属の第八十一師団長のミュウラー少将に「作戦終了」を報告したのは十一月二十七日午前七時であった。オレンジビーチに敵前上陸をしてから二カ月半、実に七十四日目の「終了」であった。

洞窟に取り残された最前線兵士たち

米軍占領下の日本兵ゲリラ

小グループの遊撃戦

日本軍指揮官は自決し、米軍の指揮官が「作戦終了」を報告した昭和十九年十一月末、実はまだ天山の洞窟内に八十余名の日本兵が潜んでいた。オレンジビーチなどで米軍の上陸部隊第一陣と戦った、あの歩兵第二連隊第二大隊と、海軍の西カロリン航空隊の陸戦隊を中心とした西地区隊の生存兵たちである。

これら生存兵の多くは百有余名も収容できる「海軍鍾乳洞」と呼ばれた大洞窟に潜み、もっぱら夜間の斬り込みを唯一の戦法として戦っていた。大山の司令部との通信連絡はすでに九月末から途絶えていたから、主力の動静は皆目わからない。もちろん中川大佐以下の大山陣地が全滅していることなど知るよしもなかった。

このとき天山の日本軍を指揮していたのは、歩兵第二連隊第二大隊の副官であった関口正中尉と園部豊三中尉であったが、大山の守備隊主力の全滅は、やがて天山の生存兵たちも知ることとなった。それは「十一月末に米軍の大掃討戦があったのはわれわれも知っていましたし、その後、米軍が日本軍の司令部の包囲を解いたので、これはおかしい、本部は陥《お》ちたかもしれないとうすうす感じていた」（山口永少尉）からであった。そして大山付近に夜間斥候や偵察を出すことによって、それは確認されたのであった。

昭和十九年十二月末、米軍はこの天山に潜む日本軍の生存兵の大掃討戦を開始してきた。すでに九九式小銃とわずかばかりの手榴弾しか残っていない日本兵には、真正面からの戦闘はできない。そこで大隊長代理の関口中尉は、残存兵を天山北部の稜線に集め、数人ずつの小グループに分散、遊撃戦で対抗することにしたのだった。このとき集まった兵士は約五十名である。重傷者は「海軍壕」に残された。

ペリリュー島北東のスロープにある日本軍洞窟陣地の入り口。

山口少尉は回想する。

「島内の各地区に残っている陣地、湿地帯の中にある島とかに五人から八人くら

戦闘の末期、多数の日本兵が潜んだ「海軍鍾乳洞」と思われる巨大な洞窟の入り口。入り口は米軍の砲撃で半ば埋まっている。入り口に立っているのは米海兵隊の従軍記者。

いのグループで潜み、夜間を待って斬り込みをやろうということだった。大山の日本軍司令部が全滅してからは、米軍の攻撃は少なくなっていて、ときどき掃討戦をやるというふうに変わっていたから、以前にくらべて島内の移動は多少楽になっていたわけです。分散したグループは夜間の連絡地点だけを決めて、それぞれゲリラ戦に出て、また会うたびに次の連絡地点を決めるという具合に、戦闘を続けてました」

年が明けて昭和二十年の一月三日、関口中尉と園部中尉が戦死した。生存する将校では山口少尉が最上級になってしまった。

戦いはまだ終わっていない

昭和二十年に入り、敗残の日本兵たちは集団行動をしていては発見されやすいことを知り、旧中隊ごとのグループに分かれて潜むことになる。中隊が全滅し、

「大隊本部グループ」と呼ばれた生存兵らが島の北部の密生するマングローブの上に櫓を組んで生活を始めた〝高床式住宅〟。

「5中隊グループ」は地下の洞窟を居住地にしていた。入り口は米軍に発見されないようやっと1人が出入りできる大きさにしてあった。

行動を共にする戦友のいない兵士は気の合う仲間のグループに入った。なかには陸海混合のグループもあった。そして自然の鍾乳洞や洞窟陣地を捜し、寝起きを共にしはじめた。

自然の回復力はたくましい。瓦礫の山と化した島の木々はたちまち生の証《あかし》を見せはじめ、緑を濃くしはじめた。四十名足らずになっていた日本兵たちにとって、緑の回復は行動を楽にしてくれるだけではなく、米軍パトロール隊の捜索の目から身を隠してくれた。

組織的戦闘が途絶えて三カ月近くが過ぎた昭和二十年四月以降、ペリリュー島はすっかり静まり返った。しかし、洞窟などに潜む日本兵たちにとって、戦闘はまだ続行中であった。

このとき生存していた日本兵たちは、のちに合流する沖縄出身の四人の海軍軍属以外は、全員が歩兵第二連隊第二大隊を主力とした西地区隊の陸海軍兵で、当初のグループは次のようである。

〈大隊本部グループ〉
永井敬司軍曹、武山芳次郎上等兵、原裕上等兵、岡野茂上等兵、滝沢喜一上等兵、石橋孝夫一等兵

〈五中隊グループ〉
福永一孝伍長、鬼沢広吉上等兵、飯島栄一上等兵、程田弘上等兵、富安博一等兵

〈六中隊グループ〉
山口永少尉、片岡一郎兵長、梶房一上等兵、浅野三郎上等兵、石井慎一等兵、落合平吉一等兵

〈工兵隊グループ〉
斎藤平之助上等兵、波田野八百作一等兵、横田亮一等兵、森島通一等兵、上間正一二等兵、相川勝二兵曹（海軍）、千葉千吉兵長（同）、土田喜代一上等兵（同）

〈海軍グループ〉

米軍のＭ１ライフルで再武装していた洞窟の日本兵。写真は1947年４月の投降時に撮影したもの。

高瀬正夫兵長、浜田茂上等兵、高田誠二上等兵、塚本忠義上等兵、亀谷長成一等兵
〈海軍軍属グループ〉
智念福樽、宮里真勇、上原信蔵、町田宗繁
（氏名はいずれも帰還後のもので、結婚によって姓が変わった人もいる）

前記の人たちは、いずれも無事に帰還できた兵士たちであるが、当時はこれら三十四人の軍人軍属以外に、さらに数名の者がいた。それらの人たちは、その後の二年間近くも続く潜伏生活の中で起こった散発的な戦闘や〝事故〟によって死んでいった。

「糧ハ敵ニ拠ル」再武装

生き残った日本兵たちは、〈守備隊は玉砕したが、日本軍は必ず逆襲してくる〉と固く信じていた。そのため兵たちは思い思いに〝再武装〟をしていた。

湿気と潮風の中のペリリュー島では、日本軍の歩兵銃はたちまち使用不能になっていたし、だいいち弾薬がなかった。そこで銃と弾丸の補給はもっぱら米軍に頼っていた。米軍のＭ１ライフルは、島内のいたるところに放置されていたから、入手は簡単であった。弾丸も戦死した米兵が携帯しているものを失敬してくるほか、野外の弾薬集積所に忍び込むことは容易だった。

洞窟に潜むようになった生存兵たちは、捕獲したライフル銃の銃身を短く切り落として、携帯に便利なように改造したり

戦闘中は米軍の武器や弾薬は野積みにされていたから比較的簡単に手に入れることができた。

していた。もう戦闘といっても、もっぱら遭遇戦であったから、銃身が長いとジャングルを敏捷に走ることができない。また、潜む洞窟の出入り口は一人がやっと這い下りられるくらいの細いタテ穴だったから、武器は小型のほうが扱いやすいこともあった。

　戦闘は終わったといっても、日本兵たちが洞窟に潜入しはじめた昭和二十年四月ころは、米軍はかなり在島していた。ペリリュー島が米軍のフィリピン、沖縄攻撃の重要な後方基地になっていたからである。それだけに物資は山ほど積まれていた。

　糧《カテ》ハ敵ニ拠《ヨ》ル、である。「敵ニ拠ル」のは武器や弾薬だけではない。食糧も衣服も米軍製になっていた。私は斎藤平之助上等兵からこんな話を聞いた。

「米軍の物資集積所に糧秣を盗《と》りに行くときは、最初はいき当たりばったりだったが、そのうちに函《はこ》に書かれている英語の頭文字で何の缶詰か見分けられるようになった。そのうち、われわれが何度も盗みに行くもんだから、米軍も気づいたらしく、集積所のまわりをジープで警戒するようになった。それが一周するのに三分ぐらいかかる。われわれが隠れているところは十メートルくらい離れているんだが、ジープが自分の目の前を通過した直後に飛び出し、缶詰が積んであるところにたどり着けばいいんだからゆっくり間にあった。そして近くの湿地とか草むらの中にいったん隠しておき、月夜の

洞窟内には茶箪笥代わりに棚などを作り、米軍から失敬してきた缶詰なども豊富に並んでいる（1947年4月の投降時に撮影）。

洞窟に潜む日本兵たちはM１ライフルの銃身を短く切り詰め、携帯に便利なように改造していた。左は正常なM１ライフル。

晩にゆっくり運ぶわけです。食糧だけじゃなく、弾薬庫にも入れたです」

おかげで飢餓状態は去っていた。それどころか武器も弾薬も食糧もすっかり余裕ができ、兵士たちが終戦二年後の昭和二十二年四月に投降したときには「向こう三年間は心配ないだけの食糧を確保していた」と語るほどだった。食糧確保は他のグループも同様で、当初〈大隊本部グループ〉にいた石橋孝夫一等兵などは「五年分くらい貯蔵していた」ともいう。

やがてペリリュー島の米軍はその数を減らし、代わりに島の住民が姿を見せるようになった。以前のように飛行場の活発さもなくなり、大型爆撃機も離着陸の影を潜めていた。

珊瑚の洞窟に潜む日本兵たちは知るよしもなかったのだが、日本はポツダム宣言を受諾し、連合国に無条件降伏をしていたのだった。

日本の敗戦！武装解除されたパラオ集団

飢餓戦線の中で降伏文書に調印する

米軍上陸を覚悟していたパラオ本島

昭和二十年（一九四五）八月十五日の敗戦時、パラオ諸島の中心地であるコロール、パラオ本島（バベルダオブ島）周辺には約四万人の軍隊、民間人がいた。その内訳は次のようである。

●陸軍、一万八千四百九十三名（軍属六百六十五名を含む）
●海軍、六千四百四名
●南洋庁職員等を含む一般邦人、約九千七百五十名（軍夫を含む）
●現地住民、五千三百五十名（軍夫を含む）

合計、三万九千九百九十七名

これら約四万の軍人・軍属、一般邦人は、米軍による武装解除後、昭和二十年九月二十一日の第一陣を皮切りに、翌二十一年二月二十六日の最終部隊のパラオ出発まで、約半年間にわたって日本への引き揚げ作業を行った。

米軍立ち会いのもと、コロール波止場で日本軍自らの手で武装解除作業をする（1945年9月23日）。

　終戦前、第十四師団を中核とするパラオ集団（井上貞衛中将＝第十四師団長）司令部は、アンガウル、ペリリュー両島占領後の米軍は、必ずパラオ諸島北部のコロール、パラオ本島への上陸を決行するものと見ていた。そのため在島する陸海軍部隊に加え、邦人の中からは可能なかぎり現地召集者を集め、戦闘員に仕立てようとしていた。

　三十年間の委任統治によって、ミクロネシア（南洋群島）各地にはかなりの日系人がいた。これら混血人の中でも、父親を日本人に持つ男子は大半が陸軍二等兵として現地召集の対象とされた。いや、現地住民の若い男子も軍夫として徴用され、なかには海上遊撃隊の一員として戦闘に参加した人たちも少なくない。

　集団司令部はコロール、パラオ本島を四つの地区に分け、守備の強化をはかっていた。

東地区隊（長・山口武夫少将）

　独立混成第五十三旅団二千八百三十四名を中心に、海上機動第一旅団輸送隊千三十一名、第五十七兵站地区隊七百五十三名に海軍の一部を加えた各部隊がパラオ本島の北約半分に布陣。

西地区隊（長・福井義介大佐＝歩兵第十五連隊長）

　歩兵第十五連隊（ペリリュー島派遣の第二、第三大隊欠）二千五百十一名を中心に独立歩兵第三百四十八大隊七百八十二名と砲兵、海軍の一部が第十四師団本部の置かれたガスパンやアイミリーキ地区。

南地区隊（長・江口八郎大佐＝歩兵第五十九連隊長）

　歩兵第五十九連隊（アンガウル島派遣の第一大隊欠）二千六百十七名に、独立歩兵第三百五十一大隊七百四十一名、さらに海軍の一部も加えた部隊で、アイライ飛行場、アルミズ水道、第十四師団戦闘司令部の置かれたアルルコウク山などの地区。

コロール守備隊（長・土井詮生大佐）

　独立歩兵第三百三十大隊五百八十九名、臨時高射隊三百九十名（うち軍属三百名）、第三船舶輸送司令部パラオ支部千四百八

1945年8月23日、米軍との降伏調印交渉のため米巡「エミック」号を訪れたパラオ集団代表。左から反町大七准尉（書記）、浜野充理泰少尉（日系2世の通訳）、作戦参謀の中川廉大佐（日本軍代表）。

パラオ地区の降伏調印式は、東京湾上で行われた日本国と連合国との降伏調印式に合わせて、1945年9月2日にアイライ沖の米巡「エミック」艦上で行われた。米軍代表は現地軍最高指揮官のF・O・ロジャース海兵少将、日本軍代表はパラオ集団長の井上貞衛中将だった。

十名（うち軍属二百八十三名、軍夫八百八十六名）、海軍部隊八百六十五名の各部隊がマラカル港などの港湾施設の多いコロール島周辺の守備。

この四地区隊のほかに、パラオ地区集団直轄部隊として集団司令部二千七百九十二名を筆頭に、海上遊撃隊、調査研究隊、師団通信隊、自動車隊、輜重隊、戦車隊、野戦病院など各種部隊員が総計で約一万名いた。

だがコロール、パラオ本島への米軍上陸はなかった。アンガウル、ペリリュー両島を占領した米軍は、両島の飛行場を拡張、すでに開始されているマッカーサーのフィリピン奪還の支援作戦に従事していたからである。いや、当初からパラオ制圧作戦の中にコロール島や本島への上陸計画はなかったのである。アンガウル、ペリリュー両島占領後は、本島への攻撃は空陸からの砲爆撃によって、日本

井上中将に続いて降伏文書に署名するパラオ集団の後方参謀・泉莱三郎大佐。右側は通訳の浜野少尉。

軍守備隊を無力化することで充分であるとの判断だった。

そして、米軍のヨミは正しかった。すでに制海、制空権を完全に失っていたパラオ本島の日本軍にとって、アンガウル、ペリリュー両島の米軍を攻撃する手段も余力もなかったからだ。それどころか昭和十九年三月末の初空襲以来、米軍の爆撃は絶えることなく続けられており、兵員、装備の犠牲、損失はふえるばかりであった。加えて食糧は極端に逼迫し、五万名近い軍官民は飢餓との戦いを最優先させなければならない状態にあったのである。

続出する餓死と病死者

終戦があと六カ月遅れていたら、パラオの軍人や住民は全滅していたかもしれないと関係者の間では言われていた。

昭和十九年末から二十年に入るや、食

降伏調印を終えて「エミック」艦上を去る井上中将（左）と参謀長の多田督知大佐。2人とも大役を終えてホッとしたのかタバコを吸っている。

糧不足で栄養失調状態の将兵や住民の体は、高温多湿のジャングル生活に耐えられず、パラチフス、アミーバ赤痢といった伝染病が続発していた。軍の防疫給水部や各衛生機関はパラチフスワクチン等の薬剤の現地生産をし、かなりの成果を上げたが、アミーバ赤痢の発生はどうしようもなく、死者が続出した。

第十四師団ではパラオ上陸と同時に部隊の食糧や資材は現地生産をすることにして、参謀長の多田大佐を隊長に研究開発部隊の「調査研究隊」を編成した。同部隊は十九年十一月末に改編され、酒井尚大尉以下三百二十七名の隊員を擁していた。腐敗米麦の加工法、農産物の栽培法、漁労法の研究、現地の動植物の調理法、タピオカ澱粉の加工法、そして食塩の製造法にいたる、あらゆる物資の製造、加工法に取り組んだ。そして、食糧事情が悪化した昭和二十年に入ってからは、

戦いは終わった。だが勝者の米軍もまた多くの犠牲者を出した。写真はペリリュー飛行場に隣接して造られた米軍戦死者の仮埋葬地。

約二十個隊の農耕部隊を編成して増産に努めたが、五万人近い人間の飢えを満たすことはできなかった。

ペリリュー、アンガウル両島の戦死者を除くパラオ諸島での死者は四千八百三十八名と記録されている。米軍の上陸を受けない島としては異常な多さである。

防衛庁戦史部編纂の戦史叢書の内訳を見ると、陸軍が二千九百五十六名で、うち「戦(傷)死」は六百五十名に過ぎない。残りの二千三百六名は「病死その他」となっている。餓死と伝染病による死者とみていいであろう。そして、千八百八十二名の海軍将兵の多くも「病死その他」であったに違いない。

まさに終戦が六カ月遅れていたら、兵も住民も全滅していたかもしれなかったのである。日本の「敗戦」が、多くの人命を救ったことは、まぎれもない事実だったのである。

第4章　奇跡の生還

洞窟に潜んでいた三十四人の日本兵

昭和二十二年の日米銃撃戦

昭和二十年（一九四五）九月二日、東京湾に錨を降ろした米戦艦「ミズーリ」艦上で、連合国と日本国との降伏調印式が行われ、三年八カ月に及んだ「太平洋戦争」（大東亜戦争）は正式に幕を下ろした。ところが一年半後の昭和二十二年（一九四七）三月の末、あの激戦の地ペリリュー島で突然、激しい銃撃戦が起こった。米軍と複数の日本兵による銃撃戦である――。

パラオ本島（バベルダオブ島）や、コロール島で敗戦を迎えたパラオ地区集団の陸海軍将兵の大半は、前記したように昭和二十年十月から翌二十一年三月にかけて日本本土に復員している。ところが集団司令部が引き揚げ船に乗る直前になって、「ペリリュー島に敗残兵が二、三人いる」と、米軍から連絡を受けた。そこで集団司令部付の日系二世の通訳浜野充理泰《ジュリヤス》少尉が二回にわたってペリリュー島に派遣され、米軍とともに捜索にあたったが発見できず、捜査は打ち切られた。

このとき、実際は山口永少尉ら歩兵第二連隊と海軍の将兵三十数名がジャングルや洞窟内に潜んでいたのだが、日本側による捜索はこれが最後で、パラオの日本軍将兵は日本本土に引き揚げていった。米軍もその後の捜索は行わず、再開したのは銃撃戦後の昭和二十二年三月末だったのである。

その日――夜になるのを待って海軍の千葉千吉兵長と塚本忠義上等兵は、パパイアを採《と》るため洞窟を出ていった。そのとき浜田茂上等兵は自分たちの壕から二、三十メートル離れた「工兵隊グループ」の壕を訪れ、斎藤平之助上等兵たちと談笑していた。そして千葉兵長と塚本上等兵が歩いてくるのを目撃した。

浜田上等兵は二人に小声で声をかけた。

「おい、拳銃でも手榴弾でもいいから持っていけよ」

「いや、すぐ帰るから……」

そう言い残して二人は消えていった。だが、浜田上等兵の危惧は当たってしまった。まもなく二人は米軍のパトロール隊に発見されてしまったのだ。

そのときの模様を塚本上等兵はこう説明する。

「待ち伏せを食ってしまったんです。逃げたのだが、前を走っている千葉兵長が二人の米兵に捕まってしまった。工兵隊の壕までは百メートルもないところだった」

塚本上等兵は救いを求めるために、無我夢中で壕に向かって走った。二人の米兵に両脇からベルトを摑まれている千葉兵長は、逃げる塚本上等兵の姿を見やった。そして〈塚本が逃げたから、時間を稼げば必ず助けに来てくれる〉と考えた。

しかし、米兵たちも興奮していた。米兵たちと鉢合わせになったとき、二人はなんとか逃れようとしてジャングル内を走ったのだが、千葉兵長は壕の跡に足をとられ、倒れたところを捕まえられている。そのとき〈もうだめだ〉と思った千葉兵長は帯剣を抜き、米兵に突っ込んだのだ。傷を負った米兵は千葉兵長の顔を殴り飛ばし、強引に連行しようとしたのだった。

一方、塚本上等兵の知らせを受けた日本兵たちは、それぞれM1ライフルの安全装置をはずして夜のジャングルを突っ走った。十二、三名はいた。山口少尉も工兵隊壕の近くにいたため、千葉救出に加わった。つい半年ほど前にも仲間の一人が待ち伏せに遭って死んでいる。なんとしても救出しなければならない。山口少尉は発砲を許した。洞窟生活に入ってからは部下の発砲を禁じていたのである。

「月夜だったので、目を透かしてみると百メートルばかり先の道路に二人のアメリカ兵に捕まっている千葉さんの姿が見えた」

と浜田上等兵は言う。救出隊は道路の両側からできるだけ近づくことにし、真っ暗なジャングル内を進んだ。

そのとき、千葉兵長がいきなり道路にバタッと倒れた。これが合図となって、道路の両側から一斉に銃が乱射された。

しかし、米兵を射殺した場合の後難は誰もが知っていた。日本兵たちは米兵らの頭上すれすれのところを狙ってライフルや自動小銃を放った。驚いた二人の米兵は、千葉兵長を放置して逃げだした。

この日米の銃撃戦がきっかけとなって、日米合同の大投降作戦が開始され、三十四名の日本兵が戦後一年八カ月目に救出されるのである。

ペリリュー島に布かれた戒厳令

澄川道男海軍少将が投降勧告を開始

ペリリュー島内の湿地帯をパトロールするグアム島から派遣された海兵隊員。

米軍の帰順工作開始

千葉千吉兵長の救出が成功した夜、工兵隊壕周辺の日本兵たちは山口少尉の判断で別の壕に移動した。救出に参加した兵たちの大半は、弾倉を空にするまで撃ち尽くしている。おそらく現場には真新しい米国製の空薬莢が山になっているに違いない。その数から推して米軍がこちらの人員を割り出すことは、そう難しくはあるまい。必ず掃討戦を繰り広げてくるに違いない、そう考えたからであった。

一方、米軍は緊急対策を立てていた。グアム島の海兵隊司令部に「ペリリュー島に武装した大勢の日本兵が潜んでいる」と報告、応援部隊の派遣を要請した。そして翌朝、約一個大隊の海兵隊が二機の輸送機で送られてきた。

当時のペリリュー島には米軍の戦闘部隊はいない。基地の保安要員とその家族だけであった。そこで米軍は島に戒厳令

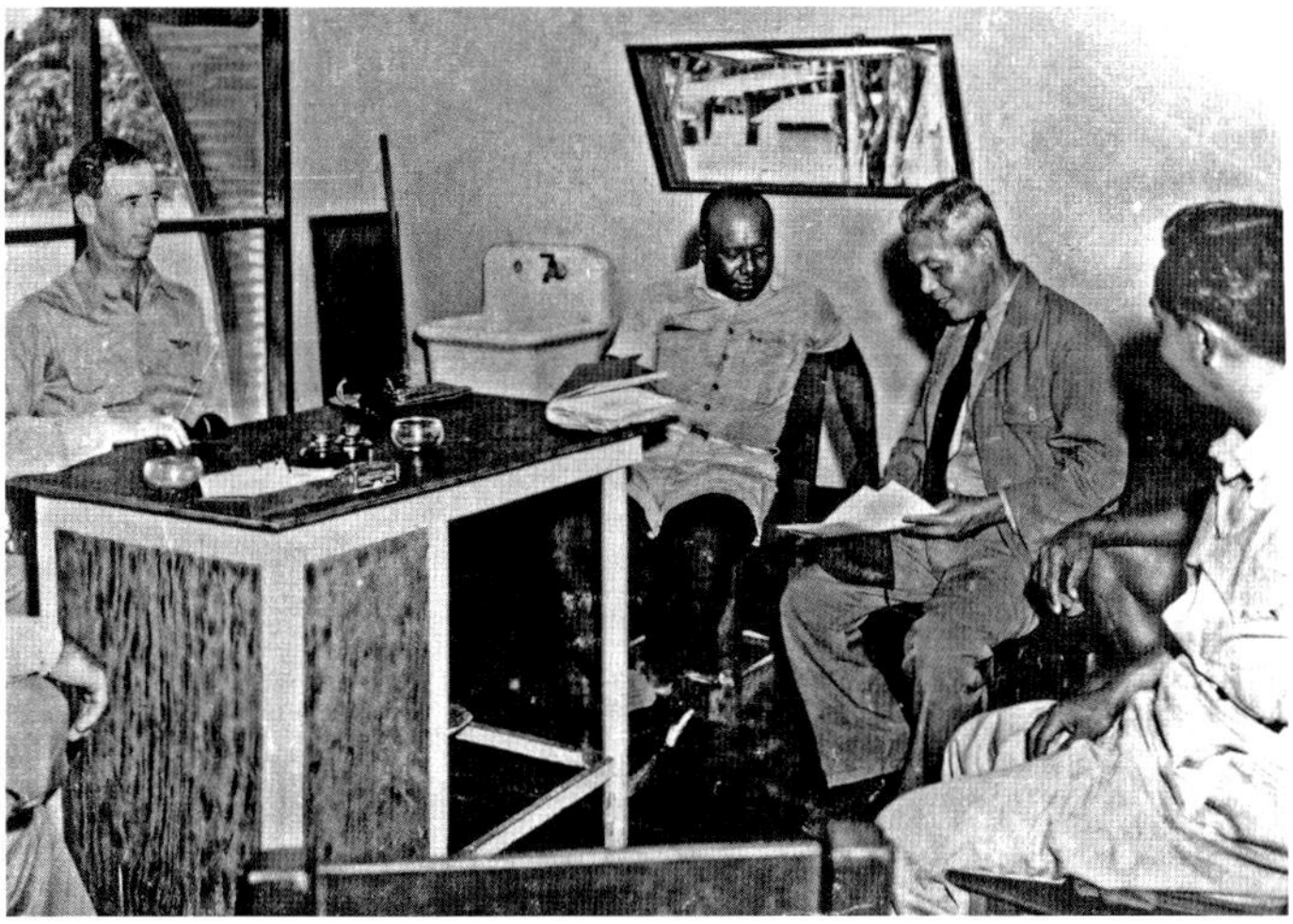

日本兵の救出作戦を打ち合わせる米軍のパラオ地区司令官フォックス大佐（中央）。右へペリリュー島のオブクルソン村長、澄川少将、通訳のジョージ・熊井。

を布き、婦女子は舟艇に乗せて沖合に避難させ、本格的な掃討戦を展開することにした。米軍側は、この千葉兵長事件の起こる前から島の住民の情報や、たび重なる食糧盗難などから日本兵の存在は知っていた。それが乱射事件によって決定的になったため、この際一挙に解決をしなければ島の住民と米軍家族の安全ははかれないとの結論を出したのである。

しかし、いかに武装集団とはいえ、戦争はとっくに終わっている。できることなら無事に救出してやりたい。いや、あの三年八カ月に及んだ太平洋戦を生き抜いてきた兵士たちに、いま死を与えるのはあまりにも悲しいことである。それに掃討戦を決行すれば、米軍側の損害も相当数覚悟しければならない——米軍司令部は平和的解決を求めた。日本兵の帰順工作の実施である。それが失敗したら、そのときに武力掃討を検討すればいい、そう結論したのである。

米軍は帰順工作の有力手段として、一人の旧日本軍将官を起用することにした。米軍が白羽の矢を立てたのは、日本の第四艦隊参謀長であった澄川道男海軍少将であった。

当時、澄川少将はグアム島で行われていた戦犯裁判の証人としてウイッドネス・キャンプ（証人キャンプ）に抑留された形になっていた。そこを米軍に呼び出され、こう告げられた。

「ペリリュー島にホールド・アウトが五十人ばかりいて、米軍や島民とトラブルを起こしておる。ついてはペリリュー島に行って、彼ら日本兵に降伏を勧告してくれまいか」

ホールド・アウトとは、殺してもかまわない無法者の兵隊という意味である。

米軍は「貴方はアドミラル（将官）だから、行けば皆が言うことを聞くだろ

ハンドマイクでジャングルの日本兵に「戦争は終わった！」「皆さん出てきなさい！」と呼びかける澄川少将。後ろにはオブクルソン村長と海兵隊のゴッドール憲兵隊長が付き添っている。

日本兵への呼びかけ文を書く澄川少将。

う」という。そこで澄川少将は条件を出した。

「ホールド・アウトの兵隊たちを救出したら、命の保障と戦犯にはかけないと約束をしてくれますか」

米軍は両方とも承知し、ただちに澄川少将を米軍機でペリリュー島に運んだ。

澄川少将は昭和五十四年（一九七九）に亡くなったが、生前、太平洋戦争研究会の取材に語っている。

「私には島にどういう人たちが残っているのかわからないし、一応、戦争は終わったことを伝えようということで、メガホンでふれ歩いた。渓谷部にいるらしいということはわかっていたが、いくらやっても反応がない。そこで自分で文章を書いて、島民から聞いた『日本兵の通り道だ』という場所の木にぶら下げておいたです。

この一回目の捜索は五、六日間続けた

投降の呼びかけ文を「日本兵の通る道」の木々に結びつける澄川少将。

が手掛かりは得られず、米軍の要請でいったんグアム島に帰ったわけです」

澄川少将が書いた文書は「ペリリュー日本人諸君へ」という平易な文体のものだった。日付は昭和二十二年三月二十三日付となっている。

投降勧告に揺れ動く洞窟内の日本兵たち

グアム島に帰った澄川少将の不安はつのるばかりだった。少将はペリリュー島で硬軟二通の呼びかけ文と一緒に、米マリアナ地区司令官であるC・A・ポーネル海軍少将の『日本人へ』という文書の邦訳の手紙も同封して、木にぶら下げてきた。その邦訳文には、次のようなことが書いてある。

「若シ降伏ヲ拒絶スルニ於テハ、不法行為及犯罪者ト認メ、法ノ定ムル所ニヨリ捕縛シ、其ノ取扱ヲ受クベシ」とあり、さらに「パラオ島指揮官ニハ、諸君ガ降

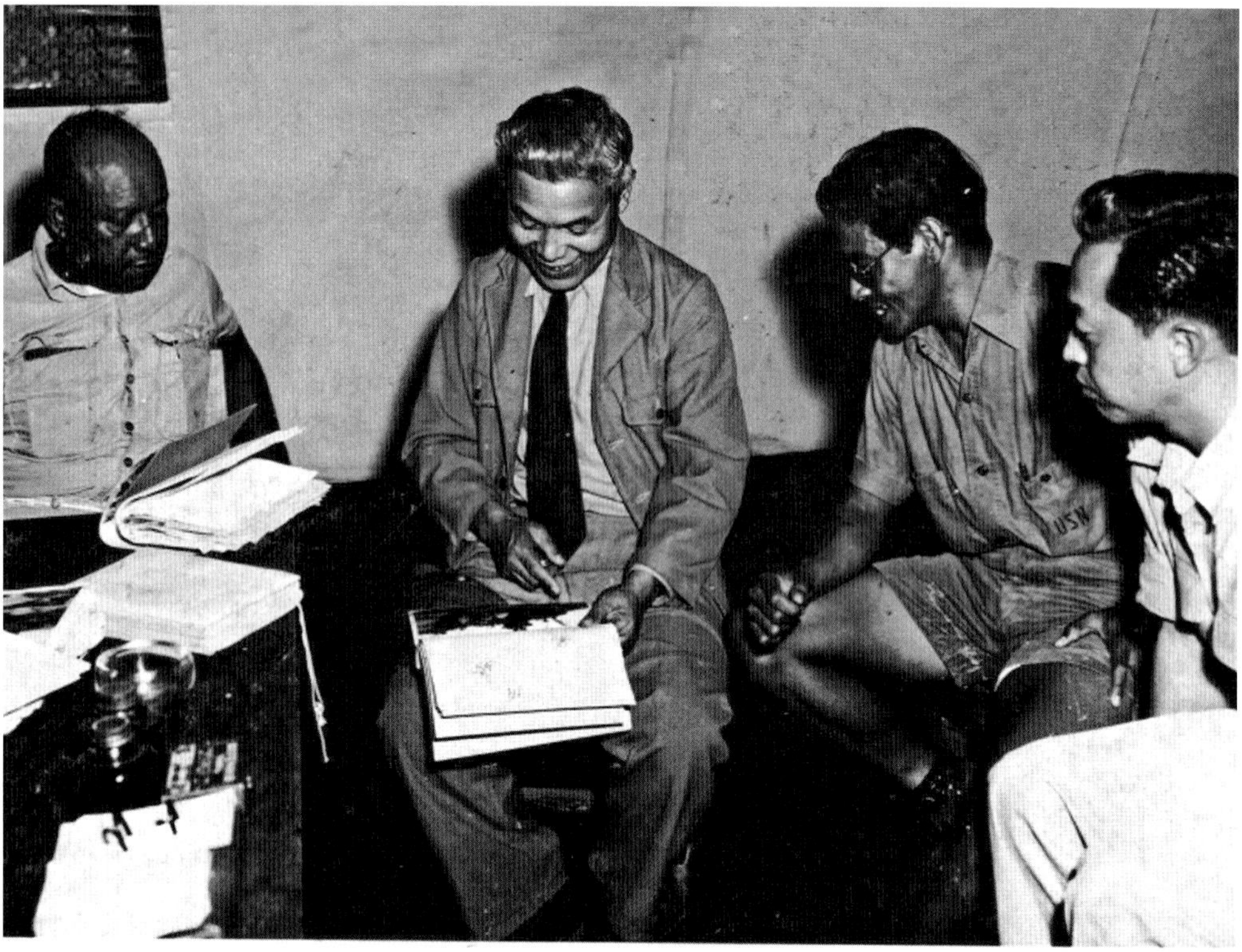

ペリリュー島村長や現地の米軍関係者と、どうしたら日本兵たちは姿を見せるかと、再度の打ち合わせをする澄川少将。

伏セザルカ捕縛ニ抵抗スルニ於テハ、捕縛及射殺ニ於ケル必要ナル兵力ヲ使用スルコトヲ命ジアリ。必要ニ応ジ増援隊ヲ送ル用意アリ」とも書かれてある。

澄川少将は米軍側に申し出、再びペリリュー島に飛んだ。〈彼等は日本が負けたことを信じていないからこそ出てこないのに違いない。それなら日本軍の上官としての「命令」なら聞き入れるかもしれない〉そう思った澄川少将は、今度は旧海軍スタイルの命令調で投降勧告文を書いた。

「去ル三月二十三日余ハ諸子ニ対シ降伏勧告ノ為、当島ニ来リ。四日間滞在、諸子ト連絡ノ機会得ント努力セシモ遂ニ成功セズ一旦ガム島ニ帰投シ、写真及印鑑（職印ハトラック島ニ於テ焼却セリ）ヲ携行再度来島セリ。茲ニ書面ヲ以テ改メテ諸子ノ誤謬ヲ解キ速ニ米軍ニ降伏センコトヲ望ム」

ペリリュー島を再度訪れた澄川少将は、今度は海軍将官の立場で洞窟に潜む兵士たちに投降を呼びかけた。

と始まる長文の『再度ペリリュー島残存日本軍将兵ニ告グ』と題された呼びかけ文である。しかし反応はない。

だが、日本兵たちは澄川少将の呼びかけや行動は逐一知っていた。そして、一人一人に微妙な心境の変化を与えつつあったのだ。〈日本が負けることなどあり得ない〉と思いつつも、一抹の不安は誰もが抱いていたからだった。やがて単独でグループから〝脱走〟し、三十四人生還のきっかけを作る土田喜代一上等兵などは、「私は九分九厘まで日本が負けたと考えるようになっていた」と断言する。

しかし、単独で行動するには相当の覚悟がいる。澄川少将が最初に呼びかけを始めたときから、三十四人の日本兵たちは全員が実弾を込め、完全武装で洞窟内に潜んでいた。もし単独で洞窟を出た場合、背後から戦友の実弾が飛んでくる恐れは充分にあったからである。

戦後のペリリュー島で繰り広げられた

日米合同の大投降作戦

〝脱走〟を決行した土田上等兵

再びペリリュー島の土を踏んだ澄川道男海軍少将は、オブクルソン村長とともに投降作戦に協力してくれている島の男に、「もし日本の兵隊を見たら、この袋を渡してくれ」と一個の布袋を手渡した。中には澄川少将が旧軍スタイルで書いた、前記の『再度ペリリュー島残存日本軍将兵ニ告グ』という昭和二十二年三月三十一日付の投降勧告文と煙草が入っていた。そしてチャンスはすぐに訪れた。

翌四月一日、斎藤平之助上等兵は缶詰の空き缶を捨てに米軍のゴミ捨て場に向かった。そこで、島の男にいきなり声をかけられた。

「ニッポンのヘイタイサン？」

男はそう言うなり、何か物を投げて寄こした。澄川少将から預かった布袋だった。仰天した斎藤上等兵は工兵隊グループの壕に走り込み、「敵に発見された！」と告げる。伝令が各グループのもとに走り、協議が行われた。そして島の男が投げてきた袋を取りに行くことになった。武装した四、五名の者が現場に急行し、袋を回収してきた。

みんなの前で袋が開けられ、勧告文が読まれた。

「これはニセ物だ、だまされるな」

「これはスパイのだ」

次々否定する言葉が飛んだ。しかし、土田喜代一上等兵は〈これは本物だ〉と思った。海軍上等水兵である土田さんは「澄川少将」なる提督の名前は知らなかったが、文の書式が海軍様式で書かれてあるからだった。だが話し合いの結論は、情況が悪いから一カ月ぐらい壕の中にいて様子を見ようということになった。

土田上等兵は決意した。

〈このままでは全員が自滅してしまう。日本は間違いなく負けたのだ。残る道は脱走以外にない〉

昭和二十二年四月二日の夜、土田上等兵は書き置きを記すために見張役を申し出て、ランプの明かりで短い鉛筆を走らせた。

隊長以下其の外の者に告ぐ

私の行動を御許し下さひ、私は飛行場

「日本兵出現！」の緊急連絡で急遽グアム島からペリリュー島に派遣され、ジャングルの湿地帯をパトロールする海兵隊。

に突込もうと思ひました、而し他の持久作戦部隊に迷惑をかけると思ひ、私はガダブス（注・ガドブス島）進撃をやり、敵と逢ひ次第交戦、華々しく散る積もりです。そして無事ガダブスを通り越した場合、本島へ渡り、そして其の時は其の時で散る積りです。

おそらく本島へ渡れるのは、九分九厘まで不可能と思ひます。又気が向いたら本島より帰り、ニュースを持って再び帰ります。其の時は後弾丸《うしろだま》を喰うのは覚悟して帰る積りです。今後、持久作戦部隊の武運長久を御祈り致します。私の行動をヒキョウと思ふのが全部と思ひます。而し、私のやることが其の本人の幸福から心から許して下さい。五、六中隊、又通信、本部、とよろしく御伝え下さい。又特に、千やん、横田、小林、斎藤さんは直接御世話になりました。厚つく御礼申し上げます。又相川兵曹は再び海軍へ帰えってはどうですか、心配致します。
隊長殿、以上の私しの行動を御許し下さい。（原文のまま）

土田上等兵は書き置きを置くと、さりげなく洞窟を出た。月の位置からみて午後の十時半ごろと思えた。

日本の敗戦を確認した土田上等兵

土田上等兵は、住民が住んでいる島の北部に向かって一目散に走り続けた。その途中、パトロール中の米軍に遭遇、保護されて飛行場に隣接した米軍のカマボコ兵舎で澄川少将と対面させられた。そこで土田上等兵は驚かされる。米軍側は確実な情報をつかんでいたのである。

日本兵グループから単独で〝脱走〟し、米軍のパトロール隊に保護された直後の土田喜代一上等兵。

「三十何名いるんだね」

澄川少将がズバリと言ってきたのだ。

「百名くらいいるのかと思ったら、三十何名なのか？」

少将はたたみかけてきた。

「はあ、そうです」

土田上等兵は思わず答えてしまってから、しまったと思った。日本軍の勢力を洩らしてしまったからだ。それに「澄川少将」と名乗っている男の頭は白髪で、アメリカ人に見えなくもない。土田上等兵は質問した。

「あなたは、失礼ですが本当に日本軍の澄川少将ですか？」

「そうだ、私は澄川だ」

言葉は立派な日本語だった。しかし、

米軍パトロール隊に保護された土田上等兵は、ただちに米軍司令部に連行され、澄川道男元海軍少将（左から2人目）に引き合わされた。左端は通訳の熊井2曹、右端は海兵隊のグッドール兵曹長（1947年4月2日）。

まだ信用はできない。土田上等兵が「日本が負けた証拠を見せろ」と言うと、澄川少将は日本の現況を載せたアメリカの雑誌を見せて説明したが、「そんなもんはゴミ捨て場で何回も見たし、信用できん」と突っぱねた。

そのころ、隣のアンガウル島に燐鉱石の採掘作業に六百人近い日本人が来ていた。澄川少将は米軍と相談をして土田上等兵をアンガウルに連れて行き、日本人に会わせることにした。米軍はさっそく複座の戦闘機を用意し、土田上等兵をアンガウルに運んだ。ペリリュー島とアンガウル島は十キロ足らず、時間にしたら十分とかからない。

アンガウル島に着いた土田上等兵は、日本人作業員たちに引き合わされた。

「日本は本当に戦争に負けたのか？」

と土田さんは聞き、続けて「戦友たちはあのペリリュー島でまだ戦っている」

「日本が負けた証拠を見せろ」という土田上等兵の主張に対し、米軍はアンガウル島の燐鉱採掘に来島している日本人たちに会わせるため、土田上等兵を戦闘機で同島に連れていくことにした。写真は飛行機に乗る寸前の土田上等兵。

日米合同の投降作戦は成功、ジャングルから姿を見せて米軍に投降する日本兵たち。

と言うと、日本人たちは驚き、「日本はとっくに負けていますよ。戦争は終わって、こうしてわれわれは燐鉱石を掘りに来ている」と言う。

こうして土田上等兵が日本の敗戦を確認し、洞窟に潜む日本兵たちの氏名と階級が知らされた。何人かの兵の出身県もわかった。

その後、土田上等兵は澄川少将や米軍捜索隊とともに、仲間の投降呼びかけに参加した。ところが土田上等兵の呼びかけは、洞窟の日本兵たちに逆効果を与えてしまった。

「あのバカ、ただじゃすまさねえ、ぶっ殺してやる」

と息巻く親しい戦友もいた。残された兵たちにすれば、まさか米軍に投降などするはずはないという信頼と確信があったからであろう。ジャングルの日本兵たちは厳戒態勢に入った。

故郷の家族も加わった一大投降作戦

1947年4月22日、34名の日本兵は全員が姿を現し、無事に米軍キャンプに運ばれた。トラックの助手席入り口に立つ澄川少将の姿も見える。

兵士たちの心を動かした肉親の手紙

澄川少将は出身県の判明した兵士たちの対策について、米軍に一つの提案をした。「日本政府に連絡して兵士らの肉親の手紙や新聞、雑誌などを届けてもらい、それを洞窟内の兵隊たちに見せてはどうか」というものである。米軍は即座にOKし、計画はグアム島の米軍司令部に報告され、東京のGHQ司令部（連合国軍総司令部）に打電された。そして電文は日本の復員局を通じて、四月十二日、それぞれの兵隊たちの出生地に飛んだ。山口少尉の自宅にも、森島通一等兵の自宅にも茨城県庁の世話部を通じて〝朗報〟がもたらされた。

肉親や友人、知人は、生存の報に涙を流しながら、ジャングルに潜む息子や兄弟に戦争が終わったことを信じさせようと必死の想いで書き綴った。農夫の父親は、何年ぶりかで筆をとり、幼い弟妹たちは、拙い文字で「あんちゃん、日本は戦争に負けたが、みんな生き残っている。早く帰ってきて」と訴えた。そして父親や母親は、息子が信じるようにと、最後には実印まで押した。

情報は旧十四師団関係者にも伝えられた。多田督知参謀長もその一人で、多田大佐はかつての部下のために二百字詰原稿用紙十七枚に、日本が敗れ、パラオ集団が内地に引き揚げるまでのいきさつを事細かに書いた。

肉親や友人、知人、それにかつての上官たちが必死で綴った手紙は、日本の新聞や雑誌類とともに米軍機で急送され、ペリリューの澄川少将の手に渡された。

投降した34人を代表して、山口永少尉は米軍のパラオ地区司令官フォックス大佐に記念の日本刀と日の丸を贈った。ちなみに贈呈した日章旗は潜伏中に米軍キャンプに忍び込み、米軍将校の家族の物干し場から失敬してきた白いベットカバーと赤いドレスを材料に作ったお手製のものだった。もちろん米軍側に日の丸の秘密は伝えなかった。

効果はただちに現れた。土田上等兵の案内で、日本兵たちの潜む洞窟に近づいた澄川少将は、大声で叫んだ。

「私は日本からお前たちを迎えに来た澄川だ。日本は戦争に負けたんだ。降伏したのだから話し合いをしよう。山口少尉、出てこい！」

シーンとして声はない。

「それでは、お前たちの家族からの手紙が今朝内地から着いた。土田上等兵が君たちの名前を教えてくれたので連絡を出し、米軍の飛行機で運んでもらったのだ。私信の封を切って悪いが、いまから読むから聞いておれ。山口少尉のお父さん、源一郎さんの手紙から始める」

澄川少将は、静かに、ゆっくりと読み始めた。（手紙は原文のまま）

「拝啓　時下桜花開き多忙の季節となりました。御前には元気との事家内一同よろこび居ります。日本は昭和二十年八月十五日、天皇陛下の命によって終戦となり、今は平和なる農業国となって居り、御前と友人の根本裕治君や山口六郎君は復員して職務に従事して居るのであります。君は米軍に抵抗して居るとの事でありますが、其のような事は寸時も早く止めて米軍の光栄により一日も早く帰国せられ、楽しき生活をせられんことを家内一同待ち受けて居る次第であります。

先は健康を祈る　早々不一

父より（実印）

昭和弐十弐年四月十六日

永へ　」

「兄さん、お元気ですか、おばあさんも元気で兄さんの帰りを待ってをります。

戦争は昭和二十年の八月十五日に天皇陛下の命により降伏してしまいました。兄さんも降伏をして一日も早く家へ帰って来ておばあさんを喜ばせて下さい。となりの六郎さんも元気でふくいんをして

澄川少将の投降呼びかけから１カ月余、ついに34人の日本兵たちは全員が投降した。〝降伏式典〟は米海兵隊員が整列する飛行場のキャンプ内で行われた。その夜、澄川少将はフォックス大佐から感謝の言葉を受けた。「貴方は34名の日本人の命を救った。同時に何人かのアメリカ人の命も救ってくれた。私たちは今夜から安心して映画会をやれます」と。

をります。兄さんも一日も早くおばあさん、家中の人を喜ばせて下さい。兄さんお身をたいせつに　さようなら。

昭和二十二年四月二十一日　月曜日

初五　山口信子（認印）

山口　永　様

」

洞窟内からはなんの反応もなかったが、兵隊たちは聞いていた。澄川少将は次から次へと読み進んでいった。四人目の兵隊の分が終わると、五人目の兵隊のものへと移っていった。

どのくらい時間が経ったであろうか、洞窟の中から初めて反応があった。

「わかった、話はわかったから連絡員が出る」

という声がし、梶房一上等兵と浜田茂上等兵が這い出てきた。

かくして三十四人の日本兵は全員が姿を現し、米軍の施設に収容された。昭和二十二年四月二十二日のことであった。

遺骨収集団に参加した生還兵たち

「死闘の池」に線香と水を手向ける未亡人たち

二十五年目の工兵隊壕

昭和四十七年（一九七二）三月、私はペリリュー島の帰還兵六名と遺族で結成された「ペリリュー島遺骨収集慰霊団」に同行して同島を訪れた。大山のペリリュー地区隊本部壕をはじめとする遺骨収集のほか、将兵たちが潜んでいたいくつかの洞窟陣地にも案内していただいた。

同行した帰還兵は昭和二十二年（一九四七）四月二十二日に〝投降〟した三十四名のうち、陸軍は斎藤平之助、武山芳次郎、程田弘、波田野八百作の四氏で、海軍は土田喜代一、塚本忠義の二氏だった。これら元兵士にとっては、投降して二十五年目の訪島であった。六名の元兵士のうち斎藤さんと波田野さんは工兵隊で、土田さんは海軍であるが、戦後の洞窟生活では「工兵隊グループ」の一員になっていた。当然、遺骨収集団一行は、その洞窟も捜すことになった。

歩兵第二連隊工兵中隊の最後の陣地となった通称「工兵隊壕」は、天山の麓から数十メートル登った山腹にあった。入り口は身をかがめなければ入れないくらい埋まっていたが、奥に深い洞窟内は立って歩けるほどの高さがあった。この洞窟内で斎藤、波田野の両氏は多くの戦友の遺骨を集め、水筒や飯盒《はんごう》などの遺品も拾い集めた。洞窟の内外には日本軍のものと思われる迫撃砲弾や、米軍の艦砲弾と思われるどでかい大砲の不発弾も散乱し、戦闘の不気味さをただよわせていた。

斎藤さんが直属の上官であった栗原少尉の飯盒の中ぶたを見つけたのも、洞窟の前の窪地であった。飯盒の中ぶたは一見しては落葉と見分けがつかないくらい、土色の苔《こけ》につつまれていた。

無口な斎藤さんは、拾いあげた中ぶたの苔を棒切れで黙々と削り落としはじめた。持ち主の名前を見つけるためである。兵士たちは飯盒の中ぶたにも必ず名前を彫っていたからだ。

初めは出てきた文字が判読できなかったらしく、指で何度も何度も刻まれた文字の部分をこすっていた。

「少尉だ、栗原少尉のだ！」

低いが、鋭い声で斎藤さんは叫んだ。

そして、じっとまだらに苔の残っている中ぶたを凝視していた。駆け寄った波田野さんも、「うん、うん」と無言の同意を送っている。ほかの生還兵や同行した遺族たちも集まり、斎藤さんを囲んだ。

斎藤さんは中ぶたを手にしたまま、洞窟陣地周辺の戦闘の模様を話しだした。軍医であった夫をこのペリリュー島で失っている石渡ユキさんたち未亡人の一人

1972年3月、忘れようとしても忘れられない「工兵隊壕」を訪れ、さまざまな〝遺品〟を感慨深げに見入る斎藤平之助上等兵（右）。左は塚本忠義上等兵。

工兵隊壕で収集した戦友の遺骨に合掌する塚本さん（右）と土田さん（1972年3月）。

が、「きっと英霊が導いて下さったんですよ。この広いジャングルの中で、親しい戦友に拾われるなんて……」と声をつまらせた。

このとき、ペリリュー島で夫を戦死させている未亡人たちが四名いた。その一人が、同じ洞窟前の窪地の落葉の層の中から、原形をとどめた頭蓋骨を見つけた。苔に覆われた頭蓋骨を両手に乗せたその未亡人は、小さくつぶやいた。

「辛《つら》かったろうに、辛かったろうに……」

夫人はまるで夫に話しかけるかのように繰り返し、大粒の涙を流しながら凝視していた。斎藤さんも夫人たちもすでに鬼籍に入ってしまったが、頭蓋骨を手にした夫人の姿や、上官の飯盒の中ぶたを見つめる斎藤さんの姿は、今も私は鮮明に思い浮かべることができる。

この工兵隊壕の近くの山腹を這い進ん

苔に覆われた頭蓋骨に「辛かったろうに…」と語りかける未亡人の一人（1972年3月）。

でいたとき、私は人間の大腿骨を見つけた。骨は露出した木の根に抱きかかえられるように、垂直に立っていた。おそらく敵に包囲され、弾薬も食糧も尽き果て、疲れた体をこの山腹の木の根に腰をおろして休めていたとき、この兵士は敵弾に斃《たお》れたのではあるまいか。それとも、負傷して腰を下ろしたまま息絶えてしまったのか……。

いずれにしても、遺体は木の幹にもたれたまま歳月を過ごし、そして自然は、その木の根に兵士の体を支えさせ、朽ちる脚を根の間にしっかりと抱き込ませたに違いあるまい。

結局、ペリリュー島の歩兵第二連隊工兵中隊員二百五十余名中、無事帰還したのは斎藤上等兵と波田野一等兵のほか数名にすぎない。数名と記すのは、斎藤さんや波田野さんたちのほか、地区隊司令部（歩兵第二連隊司令部）に合流しようと海中徒歩脱出をはかったグループのなかで、工兵第三小隊長の藤井祐一郎少尉ほか三名が米軍の攻撃を受けて負傷し、失神しているところを捕虜となって戦後帰国しているからである。

日米死闘の「馬蹄の池」を探して

ペリリュー島では、現在も水は貴重である。珊瑚礁の島では地下水というものがない。もちろん小さな島だから川もないし、住民の日常の水資源は雨水以外にはない。島の家の雨樋《あまどい》は大きな受水槽に直結している。飲料水はもちろんのこと、洗顔も洗濯もすべて受水槽に貯えてある雨水に頼っているからである。

ところが島にはたった一カ所、中山西南方に天然の〝井戸〟がある。日本兵たちが「馬蹄《ばてい》の池」といった井戸である。井戸とはいっても、純粋の地下水ではなく、珊瑚岩をくぐり抜け湧き水化した海水なのだが、海岸から数キロにわたって島の中央部の〝井戸〟に到達する間に塩分が和らぎ、飲料に耐える状態になったものだ。

戦況の後半、この小さな天然の井戸をめぐる日米の戦いは悲惨であった。すで

1972年3月の遺骨収集の際、「死闘の池」を発見した波田野八百作さん（左）と、井戸に下りていく塚本さん。

米軍は「死闘の池」（馬蹄の池）の周囲に鉄条網やピアノ線を張りめぐらせて日本兵の進入を阻止しようとしていた。そして周囲には日本兵の頭蓋骨を棒に差して「危険！　速やかに移動せよ」と記した標識を立てていた。

に井戸のある周辺はすっかり米軍の手に帰していたにもかかわらず、喉《のど》の渇《かわ》きに責められた日本兵たちは、暗夜を利用しては井戸に忍び寄った。負傷して動けない戦友のために、持てるだけの水筒を両肩両手にさげ、一寸刻みで夜の敵陣を這い進み、水を求めた。

　だが、生きて帰れた兵士たちの話を総合すると、井戸にたどり着き、再び洞窟陣地に戻れた者は三人のうち一人、いや五人のうちの一人もいなかったという。それでも兵士たちは毎夜のように誰かが井戸に向かい、米軍の乾いたライフル銃の音が響き、還らぬ人となっていった。

　昭和十九年十月二十八日に、ペリリュー地区隊司令部からパラオ集団司令部に送られた戦況報告電にも「一部ノ敵ハ『南征山』（本部壕上）ニ進入、マタワガ給水池ニ対シ蛇腹《ジャバラ》型鉄条網ヲモッテ給水妨害ヲ企図シアリ」とあるように、米軍もこの池が日本軍の命の水であることを充分に知っていたということである。

米軍は井戸の周《まわ》りに二重、三重に鉄条網を張りめぐらし、さらに縦横無尽に空き缶などを結わえつけたピアノ線も張るといった厳戒態勢をとるようになった。水を求めて井戸に忍び寄ってきた日本兵がピアノ線につまずけば、空き缶がカランカランと音を立て、米兵たちに知らせてくれるという仕掛けである。それでも日本兵の水汲み作戦が止まないとみるや、今度は終夜にわたって井戸の周囲に探照灯を配置し、煌々《こうこう》と井戸を照らしだした。そして岩陰から、たえず狙撃兵が銃口を構えているという兵糧攻めに出てきた。

危険は百も承知であった。だが、喉の渇きに耐えきれない日本兵たちは、百分の一、千分の一の可能性に賭けて井戸に這い寄っていったという。

遺骨や遺品が発見された「死闘の池」の周囲に線香を手向け、日本から持参した酒や真水を供えて霊を弔う遺族たち（1972年3月）。

遺骨収集慰霊団はこの馬蹄の池も探し回った。日本軍全滅から三十年近い歳月は、井戸を探す帰還兵たちを拒むかのように当時の状況を一変させていた。やっとのことで探し当てた池、いや〝死闘の井戸〟は薄暗いジャングルの樹々の下でひっそりと歴史をとどめていた。

私たちは井戸の周囲で数個の水筒を見つけた。いずれも無数に穴が空いていた。その穴が小銃や機銃弾によるものであることは容易にわかった。同行の一人が、一個の水筒の穴を数えはじめた。数が九、十、十一と進むうちに声がむせかえって出なくなってしまった。夫をペリリュー戦で亡くした未亡人たちはその場に線香を手向け、日本から持参した酒や真水を井戸の周囲に供えた。

ジャングルや洞窟から収集した遺骨は焼骨するため島の共同墓地内に運ばれた。そして焼骨後、納骨慰霊碑「みたま」に納められた。

1972年3月の遺骨収集に参加した生還兵の皆さん。左から程田弘さん、塚本忠義さん、武山芳次郎さん、筆者、土田喜代一さん、波田野八百作さん。

地面から二メートル近く下がった直径四、五メートルほどの井戸の下り口に立ち、湿気臭い奥へ進んでみた。井戸の直接の入り口は、人一人がやっと入れるくらいの大きさだが、井戸の内部は無気味な広がりを持っていた。懐中電灯で照らすと、水面は一点の濁りも波紋もなく、静まり返っていた。

私は、恐る恐る右手で水をすくい、そっと口に含んでみた。渋いような苦いような奇妙な味がした。そのとき、私は目の前の水面下に白く光る器のようなものを見た。水に手を入れると、ひやっとする冷たさが体を走った。私は一種の畏怖の念にとらわれながら、その白い器を拾い上げた。私は息をのんだ。器には七、八個の小さな穴があいていたのだ。それは銃弾を喰らった飯盒の中ぶただったのである。

玉砕の島で50年ぶりに再会した2人の生還兵

ペリリュー島から奇跡的に生還した2人の将校が、その玉砕の島で50年ぶりに再会した。2人の50年の歳月の背景には、常に斃れていった戦友の姿があったという。

五十年目に慰霊に訪れた元少尉

私たち「ペリリュー戦五十周年記念式典」に自主参加する二十人余の日本人は、パラオ共和国の首都だったコロール島の波止場から大型の遊漁船ほどの船でペリリュー島を目指した。平成六年（一九九四）九月十五日のことである。

私は隣りに座っている、がっしりした体格の年輩者に声をかけた。

「ペリリューは何回目ですか？」

「初めてです」

「ご遺族ですか？」

「ペリリューで戦っていました。工兵隊の少尉でした」

その年配者が歩兵第二連隊第二大隊工兵中隊の小隊長だった藤井祐一郎少尉だった。

私は昭和四十五年（一九七〇）にペリリュー戦の取材を始めるに当たって、戦後の昭和二十二年四月まで洞窟やジャングルに潜んでいた「三十四会《みとしかい》」の皆さんへの接触から始めた。三十四人の元兵士の中で将校は山口永少尉ただ一人だった。だが取材の過程で山口少尉のほかにも数人の将校が生還していることを知った。藤井少尉もその一人だった。

山口少尉は茨城の生家の跡を継いでいたからすぐにお会いできたが、藤井少尉はついに居所がわからなかった。パラオから帰国後、改めて取材をした折にお聞きすれば、仕事の関係でずっと四国に住んでいたという。その藤井さんと「ペリリュー戦五十周年記念式典」に参加するため同じ船に乗船できたことに、私は一種の興奮を覚えていた。

当時、アメリカ政府は世界各地で第二次世界大戦五十周年式典を開いていた。いわゆる〝戦勝記念祭〟である。式典日はいずれも五十年前に米軍が上陸を決行した日か、占領を宣言した日が選ばれている。グアム島に次いでアメリカ政府が太平洋地域で行った式典は、パラオ諸島のペリリュー島であった。

記念式典会場で再会した二人の将校

昭和十九年（一九四四）九月十五日、米軍はペリリュー島に上陸してきた。アメリカ政府とパラオ共和国ペリリュー州共催の記念式典は、この米軍上陸五十年

ペリリュー島のガルコル波止場に張られた「ペリリュー戦50周年記念式典」への参加を歓迎する横断幕。

藤井祐一郎さん

目の九月十五日に行われたのである。日本でも「五十周年祭パラオ諸島友好親善慰霊巡拝団」という形で参加募集が行われ、式典参加者は二十余名だったが、五十名ほどがパラオに飛んだ。

　われわれが島の北端のガルコル波止場に上陸すると、島の女性たちが小さな貝殻で作ったレイを一人一人の首に掛けてくれ、「よくいらっしゃいました」と、きれいな日本語で歓迎の言葉を述べた。

　いってみれば、われわれの団体は押し掛け団体で、式典に招待されているわけではない。しかし、島の人たちはそんなことは意に介するふうもなく、ほとんど同時に着岸したアメリカ人たちと同じに、私たちを歓迎してくれた。波止場の入り口にはパラオの国旗とペリリュー州旗を中に、星条旗と日の丸の旗が潮風にはためいている。それを見た途端、私は、このイベントが単なる〝戦勝記念祭〟ではないのだと知った。

　あとで日本の委任統治時代を知っている知り合いの島の老人に質問すると、その人は言った。

「式典には誰が参加してもいいんだ。日本人を断わる理由なんかない。だって、この島は日本の兵隊さんのお墓じゃないか。アメリカは戦争が終わると戦死した兵隊の遺骨は全部持ち帰ったけど、日本の兵隊さんの遺骨はいまもペリリューにある。日本人が来るのは当たり前だし、当然だよ。死んでしまえば敵も味方もない、みんな神様だよ」

　式典会場は島の小中学校の校庭だった。すでに学校の周囲には大勢の人たちが集まっていた。ベテランズと呼ばれる七十過ぎの元米兵たちの姿も多い。元将兵の子供や孫たちと思われる若いカップルも多く、それら約二千人強のアメリカ人の大半は米海軍の揚陸艦でやってきて、そ

「ペリリュー戦50周年記念式典」のオープニングで分列行進をする米4軍の儀仗隊。

の艦に寝泊まりして一週間をパラオで過ごすのだという。

会場はアメリカからの参加者と地元の老若男女でごった返していた。陸・海・空・海兵米軍四軍の現役将兵もパレードの準備をしている。

私は突然、声をかけられた。二度ほど同じ慰霊団でペリリュー島を訪れ、東京でも何度かお会いしている早川一郎さんで、父親の仕事の関係で少年時代をパラオで過ごした方である。

「山口さんにお会いになりましたか？」

私は、あの山口永少尉かと聞き返した。そうだという。

「ほら、あそこにいますよ」

早川さんは学校の前に建つ島の集会所の方を指差した。私は山口さんに走り寄り、型通りの挨拶と長年のご無沙汰を詫びたあと、

「山口さんは、同じ西地区隊にいた工兵隊の藤井少尉をご存じですか？」

と聞いた。山口さんは「ええ、知ってますよ」と、ごく自然にいった。

「実はここへ来てます。お会いになりませんか」

私の唐突な申し出に驚いたのか、山口さんは一瞬、言葉を失ったように「ええ」と短く答えた。私は藤井さんの元に走り、山口さんのところに案内した。二人が会うのは、五十年前に米軍がペリリュー島に上陸した日以来のはずである。

栃木県生まれ（藤井）と茨城県生まれ（山口）の無骨な二人は、ぎこちなく挨拶を交わし、

「やあ、どうも……」

と言い、しばらく見詰め合っていた。私は他人の秘め事を盗み聞きするような心境にとらわれ、数歩下がっていた。二人は何事かを話しはじめ、やがてお互いの住所でも教え合っているのか、二人ともメモを取りはじめた。

50周年記念式典の会場で、偶然にも50年ぶりの再会をした２人の小隊長。右が山口永さん、左が藤井祐一郎さん。

死闘の末に捕虜になった藤井少尉

この日の五十年前、藤井少尉と山口少尉が所属したペリリュー守備の西地区隊（歩兵第二連第二大隊基幹）は、米軍が最初に上陸地点に選んだ西浜に布陣していた。戦闘は激しい接近戦、白兵戦となり、米軍はいったん兵を引いた。そして正面の日本軍を強力とみたのか、米軍は正面海岸を迂回して、西地区隊と南地区隊のわずかな間隙をつくかたちで強行突破をはかり、上陸に成功する。このため西地区隊は米軍に背後をつかれる形になり、海岸陣地に取り残されてしまった。

十月に入ると戦闘は守備隊司令部がある島の中央山岳部と、北部の一部になっていた。そこで藤井少尉は数少ない生き残りの斎藤治作軍曹と桜井操上等兵と相談、北地区に脱出する決意をする。

「海が干潮になった夜の十二時過ぎに海岸を離れ、沖合のリーフ伝いに北に向かったです。二キロ近くも進んだでしょうか、小休止をしているうちに三人とも疲れから眠ってしまったです。目を覚ますと海は満潮になっており、その上リーフの周りは米軍の小型舟艇三隻に取り囲まれていた。もう動きが取れない……」

三人は自決を決意した。手榴弾を取り出しリーフで叩いた。だが手榴弾は「二つともハネない」。満潮で水浸しになり、

式典に招待された山口さんは、米海兵隊員席の前の椅子に座って盛んに写真を撮っていた。

発火しなかったのだ。

「そのときです、舟艇の米軍がダイナマイトを放り投げてきたんです。それっきり私は意識がなくなり、気がついたときはハワイの米軍病院にいました。あとで聞いたところによれば、米軍の負傷者搬送機でハワイへ送られたそうです」

藤井少尉が飛行機で運ばれたのは数少ない将校の捕虜だったからである。

「ハワイの病院には六カ月ほどいましたが、傷が良くなってからは連日のように尋問を受けました。特に聞かれたのは、私が北関東出身ということで、群馬の太田市にある中島飛行機製作所のことだったですね。私はずっと軍隊にいたから、太田のことなんか知らないって答えていると、『お前は典型的なトージョー・ボーイだ』って言われ、サンフランシスコ湾に浮かぶエンジェル島の刑務所に入れられてしまった。足にクサリを巻かれて一カ月くらいいました」

さらにテキサス州のサンアントニオにある捕虜収容所に移される。

「私の隣りの幕舎には真珠湾攻撃のときに特殊潜航艇に乗って出撃し、艇の故障で捕虜になった酒巻和男少尉がいました。酒巻さんは毎朝六時に観音経を唱えはじめるので、私には時計代わりになってました。酒巻さんという方は大変な人格者だったようで、収容所内を歩いていると米軍将校が酒巻さんに敬礼していくんです。私は、どうしたらあのような人格を形成できるんだろうと、ある日酒巻さんの幕舎を訪ね、観音経を教えていただきました。それ以来、私も観音経に親しむようになり、ペリリューにも当時の部下や戦友の名前を書いた写経を持参し、慰霊碑に供えてきたわけです」

藤井少尉が日本に帰還したのは終戦翌年の昭和二十一年一月だった。米軍艦艇

50周年記念式典の会場で入場行進に参加した日本人グループ。元日本軍将校の藤井さんも堂々と行進に加わった（手前右端）。

で浦賀に上陸したのだが、上陸と同時に再び米軍に呼び戻され、その場で別の駆逐艦に乗せられた。そして連れていかれたのが、なんとペリリュー島だった。米軍は戦後、日米の各激戦地の戦闘を再調査し、以後の作戦資料にするため綿密な戦場再現をやっていた。米軍にとって藤井少尉は貴重な存在だったのである。その藤井少尉が、本当に帰還できたのはその年、昭和二十一年八月だった。家にはすでに位牌も置かれていた。

　前にも記したように、ペリリューからの将校の生還者はほんの数人にすぎない。その一人の山口少尉は、藤井少尉が再度ペリリューに連れてこられたときは、まだ三十三人の日本兵たちとともに島の洞窟に潜んでいた。そして山口さんたち三十四人の日本兵が救出され、日本に帰ったのは昭和二十二年四月である。五十年式典の会場でも〝ゲリラ隊長ヤマグチ〟はアメリカ人の間でも知られた存在で、英雄的存在だったとわかった。

　戦後五十年、数奇な運命をたどった二人の将校は、その思い出の地・ペリリューで再会した。私は藤井さんに聞いた。

「どうして今までペリリューに来なかったんですか？」

　酷な質問であることはわかっていた。藤井さんはしみじみと言った。

「この五十年間、整理がついていなかったもので。ペリリューに行くときは、すべての部下と一緒にと思っていたから、全員の墓参りを済ませ、写経し、そしてペリリューの霊前に参ろうと思っていたからです。私は『生きて虜囚《りょしゅう》の辱《はずかし》めを受けず』を身をもって体験してきた一人です。しかし、私自身は決して恥ずかしい行いをしたとは思っていません。やるだけのことはやったのだという、満足感のほうが強いですから」

あとがき

私とペリリューの半世紀

私は平成二十七年（二〇一五）三月にパラオ共和国のペリリュー島を訪れた。天皇、皇后両陛下が慰霊に訪問される十日前である。私にとっては八回目の旅となった。

私が初めてパラオを訪れたのは昭和四十五年（一九七〇）であった。当時、私は出版社に勤務しており、元兵士たちの体験談を聞いて週刊誌に連載する企画を担当した。その連載記事の取材の過程で知ったのが、ペリリュー、アンガウルの戦いであった。

天皇、皇后両陛下が慰霊に訪れた昨今でこそ、「ペリリュー島」という地名を知る人も多くなったが、それまでは日本人には馴染みの薄い地名であった。連載記事の取材を始めた当時の私も、「ペリリュー」はまったく未知の島だった。

連載記事の予備調査をしていたとき、「玉砕の島で、戦後まで洞窟に潜んでゲリラ戦を続けていた三十数人の日本兵がいる」という情報を耳にした。異常事に飛びつく週刊誌記者のならいで、調べを開始した。その結果、茨城・栃木・群馬の北関東の連隊で構成する第十四師団隷下の部隊であることがわかった。さらに、その玉砕の島はペリリュー島といい、守備隊の主力は水戸の歩兵第二連隊であるという。茨城生まれの私にとっては「郷土部隊」ではないか——。

昭和四十五年当時は、元兵士たちの懇親会である戦友会が盛んに行われていた時代で、歩兵第二連隊関係の戦友会の連絡先も簡単に知ることができた。その中の一つに水戸と生還者三十四名をかけた「三十四会《みとしかい》」という、ペリリュー島からの生還者の会があったのである。私はさっそく連絡を取り、取材を開始した。そして、いただいた三十四会の名簿を見て「おや？」と思った。「浅野三郎」という、どこかで聞いたことのある名前があったからである。住所も私の生家の隣り村の「茨城県結城郡大形村鎌庭」とある。もしやと思い、私は茨城の母に電話を入れた。

「鎌庭の浅野三郎という人は、うちの親戚の人だよね？」

「ああ、ほだよ」
「で、いま、どこにいるの？」
「いやあ、三郎は死んだよ」
「え、死んだ？」
「十年くらい前に、交通事故で」

私は絶句した。文字どおり九死に一生を得て帰国したのに、わずか十数年で事故死とは……。浅野三郎さんは母の従兄弟に当たる人だった。

私にとって三十四会は急に身近な存在となり、会員の皆さんとも親交を深めていった。そしてペリリュー島への慰霊墓参団にも何度か加わり、昭和四十七年三月には本文でもご紹介したように帰還兵の皆さん六名とご遺族による遺骨収集慰霊団にも同行させていただいた。本書で生還兵の皆さんが証言している戦場体験の大半は、この当時、すなわち昭和四十五年から平成七年（一九九五）の間にお聞きしたものである。

先の天皇、皇后両陛下のペリリュー島ご訪問に際して、日本のメディアは一カ月近くにわたって「玉砕の島ペリリュー島」について報道を繰り返した。おかげで、冒頭にも記したように、見知らぬ島だったペリリュー島は、またたくまに〝メジャーな島〟になることができた。同時に、多くの国民は、〈どうして、こんな小さな島で一万人もの日本兵が死んだのか？〉と、驚きと疑問を抱いたに違いない。

当然、各メディアは生還兵の証言を求めて奔走した。しかし、生還した三十四会の皆さんの中で、現在もお元気なのは数名になっている。そして三十四名を代表するかのように、一手に応対したのが三十四名投降のきっかけを作った元海軍上等兵の土田喜代一さんだった。

土田さんは陸軍軍曹だった永井啓司さんとともに、パラオ共和国に出発する前の両陛下と皇居でご対面し、さらにペリリュー島に渡って両陛下をオレンジビーチの戦没者慰霊碑の前でお迎えしている。今年九十五歳になる土田さんにとって、ペリリュー島はまさに人生そのものだったに違いない。そして、両陛下とともに「知られざる戦場ペリリュー島」を国民に知らしめた功労者でもある。長年、ペリリュー島に関わってきた一人として、感謝に堪えません。

二〇一五年五月

平塚柾緒

平塚柾緒
(ひらつか・まさお)

1937年茨城県生まれ。出版社勤務後、独立して執筆・編集グループ「太平洋戦争研究会」を主宰し、数多くの元軍人らに取材を続けてきた。『二・二六事件』『東京裁判の全貌』(河出文庫)などの単著の他、同研究会名義での著作多数。近著に『八月十五日の真実』(ビジネス社)。

写真で見るペリリューの戦い
―忘れてはならない日米の戦場―

二〇一五年七月一日　第一版第一刷印刷
二〇一五年七月一〇日　第一版第一刷発行

著者　平塚柾緒
発行者　野澤伸平
発行所　株式会社 山川出版社
東京都千代田区内神田一-一三-一三
〒一〇一-〇〇四七
振替　〇〇一二〇-九-四三九九三
電話　〇三(三二九三)八一三一[営業]
〇三(三二九三)一八〇二[編集]

企画・編集　山川図書出版株式会社
印刷・製本　図書印刷株式会社
装幀　マルプデザイン(清水良洋)
本文デザイン　マルプデザイン(佐野佳子)

ISBN 978-4-634-15075-1